선량한
차별주의자

선량한 차별주의자

김지혜 지음

창비
Changbi Publishers

당신은 차별이 보이나요?

'결정장애.' 이 말을 처음 들었을 때 나는 재미있다고 생각했다. 우물쭈물 이러지도 저러지도 못하며 너무 많이 고민하는 나의 부족함을 꼬집는 간명한 말 같았다. 나 스스로를 비하하는 의미를 담아 많은 대화에서 수없이 사용했다. 그리고 이 말이 어느날 사고를 쳤다.

혐오표현에 관한 토론회가 있던 날이었다. 사람들의 관심이 많아 장소를 급하게 큰 곳으로 바꿔가며 열린 토론회였다. 토론자로 함께한 나는 토론 중에 이 결정장애라는 말을 썼다. 이러지도 저러지도 못하는 상황에서 우리 모두 결단을 내리자는 말을 하던 와중이었다. 토론회가 끝나고 식사를 하러 가는 버스 안에서, 참석자 중 한분이 나에게 조용히 물었다.

"그런데 왜 결정장애라는 말을 쓰셨어요?"

짧은 한마디였다. 그건 질문이 아니었다. 나의 잘못을, 더 정확하게는 혐오표현을 하지 말자던 사람이 결정장애라는 말을 사용하는 모순을 지적한 것이었다. 많은 장애인들이 참석해서 듣고 있던 자리에서 나는 내가 '장애'라는 말을 어떻게 사용하고 있는지 의식조차 못하고 있었다.

나는 얼른 그에게 나의 잘못을 시인하고 부끄러워했다. 하지만 이미 토론회는 끝났고, 그 자리에 참석했던 사람들에게 사과를 할 기회는 사라졌다. 어떻게 해야 할까. 그런데 동시에 나의 마음 한쪽에서는 희한한 생각이 자라고 있었다. '그 말이 왜? 뭐가 문제인 거지?' 문제가 아니라고 애써 부인하고 사소하게 생각하려는 방어기제가 작동하기 시작했다.

결정장애라는 말이 왜 문제인지 제대로 이해하기 위해 장애인 인권운동을 하는 활동가에게 전화를 걸어 물어보았다. 그는 우리가 일상에서 얼마나 습관적으로 장애라는 말을 비하의 의미로 사용하고 있는지에 대해 설명해주었다. 무언가에 '장애'를 붙이는 건 '부족함' '열등함'을 의미하고, 그런 관념 속에서 '장애인'은 늘 부족하고 열등한 존재로 여겨진다.

전화를 끊고 나서 나는 한동안 멍해진 기분으로 나를 들여다보기 시작했다. 사실 많이 놀랐다. 내가 장애인을 차별하는 생각을 가지고 있다고? 믿을 수가 없었다. 아니, 믿고 싶지 않았다. 대학에 입학해 처음 들어간 동아리가 수어동아리였다. 사회복지학과 법학을 전공하며 인권을 공부했고, 장애인의 권리와 법에 관한 수업을 들었다. 게다가 가족 중에 장애인이 있어 어떤 상황인지 어느 정도 알고 있다고 생각한 내가 차별하는 생각을 가지고 있다니.

동시에 많은 것들이 이해되기 시작했다. 내가 당하는 차별을 가까이에 있는 사람들은 전혀 눈치채지 못했던 경험들이 떠올랐다. 예를 들면 예전 직장 사무실에 있던 명패 같은 것 말이다.

당시 나는 비정규직으로 근무하고 있었다. 나의 사무실 문에는 보라색 종이를 코팅한 명패가 붙어 있었다. 정규직 직원 사무실 문에 붙어 있던 명패는 나무색 판에 흰색 글씨였다. 2년 반쯤 지나 정규직이었던 한 동료에게 이 차이에 대해 이야기했는데 그는 명패가 다르다는 사실조차 눈치채지 못하고 있었다. 그에게는 보이지 않는 이 '사소한' 차이가 나에게는 출근부터 퇴근까지 문을 열고 들락거리는 매 순간 나의 신분을 각인시켜주는 주홍글씨 같았다.

생각해보면 차별은 거의 언제나 그렇다. 차별을 당하는 사람은 있는데 차별을 한다는 사람은 잘 보이지 않는다. 차별은 차별로 인해 불이익을 입는 사람들의 이야기다. 차별 덕분에 이익을 보는 사람들이 나서서 차별을 이야기하는 경우는 별로 없다. 차별은 분명 양쪽의 불균형에서 일어나는 일이며 모두에게 부정의함에도, 희한하게 차별을 당하는 사람들만의 일처럼 이야기된다. 이게 어떻게 된 걸까? 산술적으로 생각해도 내가 차별을 당할 때가 있다면, 할 때도 있는 게 아닐까?

이제 나는 겁이 나기 시작했다. 차별은 더이상 나와 상관없는 이야기가 아니었다. 강의실에서, 회의장에서, 토론회장에서, 어디에서건 나도 모르는 내 안의 차별적인 관념이 언제 어떤 형태의 말과 행동으로 불쑥 나올지 모르는 일이었다.

그래서 연구를 하기로 했다. 우선 소수자 집단을 향한 온갖 모욕적인 말들을 수집했다. 각종 혐오표현들을 통해 사람들이 소수자 집단에 대해 어떤 식의 차별적인 관념을 가지고 있는지 분석하기 위한 기초 작업이었다. 초반에는 인터넷에 떠도는 욕설에 가까운 말들에 집중했다. 하지만 조사가 진행되면서 모욕적인 말의 범위가 생각보다 상당히 넓고 표현의 방식도 매우 은밀하다는 사실을 알게 되었다. 때로 말하는 사람도 눈치채지 못할 만큼 말이다.

현장의 활동가와 연구자들을 대상으로 모욕적인 표현을 수집하던 중 두가지 표현이 눈에 들어왔다.

"한국인 다 되었네요."

"희망을 가지세요."

전자는 이주민을 향한, 후자는 장애인을 향한 모욕적인 표현의 대표적인 예로 언급되었다. 당혹스러웠다. 이 두가지 표현은 얼핏 칭찬이나 격려처럼 보이기 때문이다. 말하는 사람의 입장에서는 정말로 칭찬과 격려의 의도가 있었을 것이다. 말을 한 당사자에게 이런 표현이 듣는 사람에게는 모욕적일 수도 있다고 알려준다면 그는 어떻게 반응할까? 그가 "그럴 의도가 없었다"고 항변한다면 더이상 문제가 아닌 걸까? 모욕을 한 사람은 없고 모욕을 당한 사람만 있으니, 모욕을 당한 쪽에서 감내하거나 생각을 바꾸어야 하는 걸까?

단순히 몇몇 말들을 하지 않는다고 해결될 문제는 아니었다. 왜 이런 말이 모욕이 되는지 이해하지 않으면 표현만 다른 비슷한 말을 하거나, 말이 아니라도 시선과 행동으로 드러날 것이다. 다행히도 이런 말이 왜 모욕이 되는지 알아내는 방법은 어렵지 않았다. 당사자에게 물어보면 된다. 이런 말이 어떻게 들리는지.

이주민들은 한국인이 '다 되었다'는 말에 자신이 아무리 한국에서 오래 살아도 우리는 당신을 온전히 한국인으로 생각하지는 않는다는 전제가 깔려 있기 때문에 모욕적이라고 했다. 또다른 이유도 있는데, 굳이 한국인이 '되고' 싶은 것도 아닌데 왜 한국인이 된다는 말을 칭찬으로 받아들여야 하는가 하는 문제제기였다. 한국인이 아니라고 하거나, 한국인 중심으로 생각하거나, 어느 쪽이든 기분 좋은 말은 아니다.

장애인에게 하는 '희망을 가지라'는 말 역시 전제 때문에 모욕적으로 받아들여진다. 희망을 가지라는 건 현재의 삶에 희망이 없음을 전제로 한다. 장애인의 삶에는 당연히 희망이 없다고 생각하는 것, 더 근본적으로는 자신의 기준으로 타인의 삶에 가치를 매기는 것이 모욕적이라고 했다. 설령 장애인이 사회적 조건으로 인해 생활에 어려움이 있더라도 장애인에게 희망을 가지라고 말하는 건

이상하다. 장애인이 희망을 가져야 할 차원의 문제가 아니라 사회가 변해야 할 문제이기 때문이다.

나를 둘러싼 말과 생각들을 하나하나 훑는 작업은 마치 세상을 다시 배우는 느낌이었다. 나는 다른 사람을 차별하지 않는다는 생각은 착각이고 신화일 뿐이었다. 누군가를 정말 평등하게 대우하고 존중한다는 건 나의 무의식까지 훑어보는 작업을 거친 후에야 조금이나마 가능해질 것 같았다. 내가 인정하고 싶지 않은 부끄러운 나를 발견하는 일 말이다.

이 세상의 많은 사람들이 나와 비슷한 착각과 신화를 가지고 살아가는 것 같다. 여성, 장애인, 성소수자, 이주민 등을 비하하고 모욕하는 말이나 행동을 하고도 자신이 차별을 하는 건 아니라고 말하는 사람들을 본다. 어떤 사람들은 성소수자를 향해 "사랑하니까 반대한다"고 외치고 주먹을 휘두르면서 그것을 사랑의 표현이자 정의라고 믿는다. 당신이 하는 행동이 동료 시민의 존재를 부정하는 인격적 모욕이며 폭력이라고 아무리 말해도 그들은 듣지 못한다.

이 끝도 없는 평행선을 어찌하면 좋을까? 이런 문제를 해결하기 위해 시민사회에서는 차별금지법을 제정하라고 요구하지만, 정부와 국회는 '사회적 합의'를 이루라며 손 놓고 가만히 있는 상태이다. 시간이 흐르는 것만으로는 이 간극이 저절로 좁혀지지 않는다. 소수자를 침묵시키는 방식으로는 이 상황이 종료될 수 없다. 정의에 반하는 결론이며 당사자들이 가만히 있지도 않을 것이다. 그러

나 소수자가 목소리를 낸다 한들 아무도 듣지 않는다면 교착 상태
는 마냥 계속될 것이다. 우리는 도대체 무엇을 '합의'할 수 있을까?

이 책은 이런 개인적이고 사회적인 고민에서 출발했다. 희망적
인 것은, 대부분의 사람들은 차별을 하지 않으려 한다는 사실이다.
다만 차별이 보이지 않을 때가 많을 뿐이다. 그래서 우리는 스스로
선량한 시민일 뿐 차별을 하지 않는다고 믿는 '선량한 차별주의자'
들을 곳곳에서 만난다. 나는 나를 포함한 많은 사람들이 차별을 인
식하지 못하는 이 기묘한 현상을 따라가보기로 했다. 다행히도 이
미 많은 연구자와 학자들이 풍성한 연구와 논의들을 제시하고 있
었다. 그들의 작업을 따라가면서 최근 한국에서 벌어졌던 사건들
에 비추어 생각을 연결시키는 작업을 시작했다.

1부에서는 어떻게 차별을 보지 못하는 '선량한 차별주의자'가
만들어지는지 생각해본다. 1장에서는 우리에게 익숙한 일상의 특
권을 돌아보며, 나의 위치로 인해 불평등이 보이지 않게 되는 착시
현상을 다룬다. 2장은 때로 유동적이고 서로 교차하는 경계로 구분
된 집단에 따라, 사람들이 서로를 차별하고 또 차별을 받는 현상을
살핀다. 3장은 구조적 차별에 둘러싸인 사회에서는 차별을 받는 사
람들조차 그 질서에 맞추어 생각하고 행동함으로써 불평등을 유지
시키게 되는 아이러니를 이야기한다.

2부에서는 차별이 어떻게 지워지는지, 어떻게 '정당한 차별'로
위장되는지 살펴본다. 먼저 4장은 흑인 분장을 둘러싼 논쟁에서 시

작해 누군가를 비하하는 유머나 농담의 효과에 대해 살펴본다. 5장은 비정규직에 대한 차별과 같이 어떤 차별은 공정하다고 생각하는 능력주의 신념을 해체한다. 6장은 대중시설에서 외국인을 거부하고 분리하는 등, 누군가를 배제하고 분리하면서 이를 정당화하는 현상을 관찰한다. 7장은 퀴어문화축제와 같이 가시화된 소수자를 대하는 대중의 태도를 통해 공공의 공간은 과연 누구의 것인지 질문을 던진다.

3부에서는 앞에서 살핀 내용을 바탕으로 차별에 대응하는 우리의 자세를 이야기한다. 8장은 차별에 도전하는 노력들이 기존 사회질서에 대한 위협으로 느껴지는 긴장을 다룬다. 사람들은 세상이이미 정의롭다고 믿고 싶어하지만, 평등은 언제나 부당한 법과 체제에 항거하는 사람들을 통해 진보해왔다. 9장은 '모두를 위한 화장실' 논쟁을 시작으로 보편적이면서도 다양한 모든 사람을 포괄하는 탐구의 과정으로서 평등에 대해 이야기한다. 마지막으로 평등을 실현하는 하나의 해법으로서 차별금지법을 둘러싼 논쟁의 의미를 10장에 담았다.

이 책에서는 여성, 장애인, 성소수자, 이주민에 관련된 사건과 논쟁들을 주요하게 담았다. 하지만 이 책에서 이야기하듯이 나이, 학력, 직업, 출신 지역, 경제적 수준, 가족상황, 건강상태 등 어떤 사람이 소수자로 위치 지어지는 이유는 무수히 많다. 이런 내용을 충분히 다루지 못한 것은 지면의 한계도 있지만 여전히 나의 이해가 부족한 탓도 크다. 아직도 많은 차별이 눈에 보이지 않고, 안타깝게도 틀림없이, 이 책에도 훗날 얼굴을 붉히며 부끄러워할 내용이 포함되어 있을 것이다.

이 책에는 미국의 역사와 연구에 관한 이야기가 많이 포함되어 있다. 이 역시 연구자인 저자가 접근할 수 있는 자료의 한계에 기인한 측면이 많다. 많은 나라에서 평등을 이루기 위한 중요한 투쟁과 변화의 과정들이 있었을 텐데, 충분히 담지 못해 아쉽다. 이 책에서 소개되는 미국의 이야기는 모범적인 사례라기보다 한국의 상황을 이해하기 위한 하나의 관점을 제시하는 비교 자료로서 이해해주면 좋겠다.

차별에 관한 책을 한권 마치는 이 순간에도 나는 여전히 차별을 잘 안다고 말할 수 없다. 그럼에도 불구하고 끊임없이 나를 둘러싼 세상을 자각하고 나 자신을 성찰하며 평등을 찾아가는 이 과정이 나는 차별을 하지 않는다는 헛된 믿음보다 훨씬 값지다는 것은 분명하다. 앞으로도 계속될 이 긴 여정을 열어준, 3년 전 토론회에서 만났던 그분의 질문에 감사드리며, 독자들에게도 이 책이 그런 질문으로 남기를 바란다.

차례

1부

선량한
차별주의자의 탄생

1장
서는 곳이 바뀌면 풍경도 달라진다

다수자 차별론

2013년 7월, 이 사회의 약자라고 외치던 한 남성이 한강에 투신해 사망했다. 생전에 그는 여성이 "돈 낼 줄은 모르고 처먹기만"[1] 한다며 강한 어조로 비판했다. 여성이 혜택은 누리면서 의무와 책임을 지지 않는다고 생각했다. 여성가족부, 여성할당제, 여성전용시설 등 여성을 위한 제도는 불합리한 남성차별이라고 여겼다.[2]

그가 스스로 생각하는 자신은 남성인권운동가였다. 남성과 여성의 철저한 더치페이를 주장하는 성평등주의자였다. 그가 수년 동안 여성가족부 폐지를 주장한 이유는 남성이 소외되지 않는 양성의 평등을 위해서였다. 그는 자신에게 붙여진 여성혐오주의자라는 오명이 억울해서 이렇게 항변했다.

"내가 여성을 혐오한다면 이렇게 디테일하게 비판할 수 있을 것 같습니까? 아니죠. 나는 여성을 진심으로 존경하고 사랑해요."[3]

그는 정말 남성과 여성의 평등을 추구했던 것일까?

2016년 5월 강남역 부근에 있는 상가 화장실에서는 '여성한테 무시당했다'며 한 남성이 휘두른 칼에 한 여성이 사망했다. 이를 기점으로 남성과 여성의 대립이 더 선명하게 나타났다. 여성들이 성범죄를 비롯한 여성혐오 범죄 피해에 대해 목소리를 높이는 동안, 남성들 사이에서는 자신들이 잠재적인 범죄자로 몰린다고 억울함을 호소하는 목소리가 나왔다. 한편에서는 여성에 대한 차별과 폭력의 철폐를 요구하는데, 다른 한편에서는 여성을 위한 정책이 남성에 대한 역차별이라는 주장이 계속되었다.

상반된 입장 같아 보이지만, 아이러니하게도 양쪽 모두 차별을 말하고 있다. 양측 모두 평등의 가치를 내세우며 현실을 비판하고 있고, 한국사회에 성차별이 존재한다고 생각하는 점도 같다. 다만 누가 불리한 상황에 있는지에 대한 진단이 다르다. 전통적으로 성차별의 피해자는 여성이었고, 여성의 인권신장이 한 나라의 중요한 국정과제로 다루어지는 데 별 저항이 없었다. 이 국면이 과거와 달라졌다. 이제 거꾸로 남성이 차별을 받는다고 말한다. 여성이 차별받던 시대는 정말 끝난 것인가?

이런 식의 차별 논쟁은 다른 장면에서도 발견된다. 이주민을 생각해보자. 한국사회에 1990년대부터 이주노동자가, 2000년대부터는 결혼이주민이 급격히 증가했다. 다양한 언어와 문화가 가시화되면서 다양성을 존중해야 한다는 다문화주의가 논의되기 시작했다. 2012년 새누리당은 필리핀 출신 결혼이민자인 이자스민 의원을 비례대표로 당선시킬 정도로 이런 흐름에 적극적으로 동참했다. 하지만 거의 동시에 반(反)다문화 현상이 일어났다. 일군의 사람들은 이주노동자는 한국인의 일자리를 빼앗는 사람들이고 결혼이주민은 돈 때문에 결혼한 사람들이라며, 이들 때문에 한국인이 피해를 본다고 주장했다. 이주민을 지원하는 정책은 자국민에 대한 부당한 역차별이라고 항의했다.

성소수자가 한국사회에 가시화되면서 역시 비슷한 양상이 나타났다. 처음에는 "며느리가 남자라니 웬 말이냐"라며 전통적인 가족관을 기반으로 비판이 시작되었다. 2007년 차별금지법 제정 시도를 계기로 보수 기독교 단체 중심의 성소수자 반대운동이 점차 거세게 일어나면서, 성소수자의 권리를 보장하면 피땀 흘려 세운 나라가 망하고 기독교인들이 피해를 입는다는 주장이 전개되었다. 이제 "동성애 독재가 퍼지고 있다"며 자신들이 박해를 받고 있다고 호소한다. 소수인 성소수자의 인권 보장이 다수의 비성소수자에 대한 역차별이라는 것이다.

차별은 없다?

소수자 때문에 다수자가 차별받는다는 '다수자 차별론'은 어떻게 가능할까? 다수자 차별론을 들여다보면, '소수자가 차별받지 않는다'는 전제에서 시작한다. 과거에 차별이 있었더라도 현재는 해결되었다고 생각한다. 그러니 소수자에게 도움을 주는 정책은 특혜일 뿐이며, 상대적으로 다수자에게 부당한 차별이 된다. 1910년대 여성 참정권 운동을 다룬 영화 「서프러제트」(2016)를 보고 한 학생은 이렇게 반응했다. "당시에는 정말 여성들의 권리가 없었고, 그렇게 과격하게 싸울 만했어요. 하지만 요즘 여성들은 투표도 하고 옛날처럼 그렇게 차별받지 않잖아요."

한국사회에 성차별이 (더이상) 없다는 생각은 여성이 고위직에 진출한 사례들로 뒷받침되곤 한다. 여성이 대통령이 된 사실, 국가고시의 여성 합격자가 상당히 많다는 사실 등이 예시로 언급된다.[4] 실제로 정부 수립 이후 70년 동안 여자 대통령은 단 한명뿐이었고 그나마도 그 아버지 대통령의 후광이 있었다는 사실, 아직까지 5급 이상 국가 공무원 중 여성의 비율은 20퍼센트에 못 미치고, 고위공무원은 5.2퍼센트에 불과하다는 점은 잘 보이지 않는다(행정부 소속, 2017년 기준).[5]

객관적인 지표가 명확함에도 불구하고 차별을 부정하는 마음이 생긴다. 갸우뚱한 현상이지만, 개인의 시각을 따라가보면 그럴 법도 하다. 여성이 대통령이나 고위공무원과 같은 권력자의 지위를 갖거나, 과거에 주로 남성이 많던 직업군에 여성이 있으면 쉽게 가시화된다. 사람들의 눈에는 이런 여성들이 잘 보이고, 그래서 그 수가 많은 것처럼 느껴질 수 있다. 누군가는 이런 여성과 자신의 처지를 비교하며 상대적 박탈감을 느낄 수도 있다. 여성이 '평균적으로' 불리하다는 사실은 추상적이라 잘 와닿지 않는다. 하지만 눈에 보이는 어떤 여성이 자신보다 더 좋은 조건에 있다는 사실은 구체적인 감각으로 경험된다.

여성이 소수만 있어도 차별이 없는 것처럼 보이는 이 희한한 현상은 실험을 통해서도 관찰된다. 미국의 한 연구에서 남성과 여성 참가자들에게 회사의 새로운 채용정책에 대해 질문했다. 현재 회사의 여성 직원의 비율이 2퍼센트라고 하고, 향후 채용할 직원 중에 여성이 50퍼센트인 상황, 10퍼센트인 상황, 2퍼센트인 상황 세 가지 조건을 주었다. 본인이 이 회사에서 일한다고 가정할 때 각각의 조건들에 얼마나 호의적으로 반응할지 측정했다. 실험 결과, 여성이 50퍼센트인 상황은 여성 참가자들이 더 공정하다고 반응했고, 여성이 2퍼센트인 상황은 남성 참가자들이 더 공정하다고 반응했다. 반면 여성이 10퍼센트인 상황에 대해서는 남성과 여성 참가자들이 똑같이 공정하다고 인식했다.[6]

평등의 관점에서 가장 이상적인 조건은 남녀의 비율이 동등한 첫번째 조건이다. 하지만 실험에 참가한 남성과 여성이 서로 동의

하는 공정한 상황은 10퍼센트로 구색을 맞추는 토큰^{token}을 제공하는 정도였다. **토크니즘**^{tokenism}이란 이렇게 역사적으로 배제된 집단 구성원 가운데 소수만을 받아들이는 명목상의 차별시정정책을 말한다.[7] 토크니즘은 차별받는 집단의 극소수만 받아들이고서도 차별에 대한 분노를 누그러뜨리는 효과가 있다고 알려져 있다.[8] 기회가 열려 있는 것처럼 보이고, 노력하여 능력을 갖추면 누구나 성취할 수 있다는 기대를 주기 때문이다. 결국 현실은 이상적인 평등의 상황과는 꽤 먼 상태임에도 평등이 달성되었다고 여기는 착시를 일으킨다.

한국의 성차별은 어떨까? 성차별을 드러내는 하나의 지표인 소득격차를 살펴보자. 고용노동부가 발표한 여성의 월 급여액은 남성 월 급여액의 64.7퍼센트에 불과하다(2017년 기준).[9] 이 통계는 여성이 경제적으로 많이 불리한 상황임을 객관적으로 드러낸다. 그러나 통계적으로 여성의 소득이 적더라도, 개별 만남에서 남성이 여성보다 언제나 경제적 우위에 있는 건 아니다. 모든 남성이 모든 여성보다 경제적 우위에 있는 '완벽한' 불평등 사회가 아닌 이상, 남성이 자신보다 소득이 높은 여성을 만날 확률은 당연히 있을 수밖에 없다.

이렇듯 사회적인 불평등과 개인이 일상적으로 경험하는 세계가 일치하지 않는 간극이 존재한다. 더치페이 논쟁은 이 간극에서 나온다. 남성이라고 해서 모든 여성에 비해 경제력이 좋은 것이 아닌데도 마치 그런 것처럼 기대되고 데이트 비용을 감당해야 한다면, 그 부담이 개별 남성에게 부당하게 느껴질 수밖에 없다. 그렇다고 내 주변에 남성보다 돈을 잘 버는 여성이 있으니 여성에 대한 차별이 없다고 생각해도 될까? 객관적인 지표는 사회가 여전히 여성에게 불리하다고 말하고 있는데, 남성이 성평등 정책에 관해 느끼는 이 불합리함은 무엇일까?

이주민이나 성소수자에 관한 역차별 주장 역시, 이주민이나 성소수자에 대한 '차별이 없다' 혹은 '있더라도 불합리한 차별은 아니다'라는 전제 위에 성립한다. 소수자 정책은 다수자가 차별을 하고 있음을 전제하는 것이기에 다수자의 입장에서는 억울할 수 있다. 다수자가 차별하지도 않는데 소수자가 차별받는다며 시정을 요구하는 정책들이 불합리하고 부당하게 느껴진다. 여성이 안전을 외칠 때 남성을 모두 성범죄자로 몰아세운다고 느껴지는 것처럼, 자신을 차별주의자로 몰아세우는 것 같아 불편하다. 내가 속한 집단은 차별하지 않는 사람들이고 소수자가 차별받지 않는 사회라고 생각해야 안심이 된다.

사람들은 대체로 평등을 지향하고 차별에 반대한다. 관념적으로 그렇다는 말이다. 다수자 차별론도 결국은 차별은 옳지 않다는 기본 전제 위에 성립한다. 사람들은 적어도 평등이라는 원칙을 도덕적으로 옳고 정의로운 것이라고 받아들인다. 대부분의 선량한 시민에게 차별을 하거나 어떤 방식으로든 차별에 가담한다는 건 도덕적으로 허락되지 않는다. 차별이 없다는 생각은 어쩌면 내가 차별하는 사람이 아니길 바란다는 간절한 희망일 수 있다. 하지만 안타깝게도, 오히려 그렇게 믿고 있는 사람이 역설적으로 차별을 하고 있을 가능성은 높다.

평범해 보이는 특권

호의가 계속되면 권리인 줄 안다는 말이 있다. 영화 「부당거래」(2010)에 나오는 유명한 대사다. 영화에서 이 말은 부패한 검사를 비꼬는 의미였다. 극중 검사인 주양(류승범)은 경찰의 눈치를 봐야 하는 상황에서 이렇게 말한다. "호의가 계속되면, 그게 권리인 줄 알아요. 상대방 기분 맞춰주다보면 우리가 일을 못한다고." 간단히 말하면 상대를 배려하지 않고 내 마음대로 하겠다는 의지의 표현이다. 당신을 잘 대해준다면 그건 나의 호의일 뿐 당신의 권리는 아니라고 관계를 설정함으로써 무례함을 정당화시킨다.

일상에서 이 말은 요구가 부적절하다는 의미로 사용되곤 한다. 예를 들어보자. 어떤 사람이 매년 장애인 기관에 돈과 물품을 후원했다. 처음에는 후원에 대해 감사의 인사를 크게 하더니 해가 지날수록 그 인사가 약해진다. 몇년이 지나 기관의 장애인들이 별로 고마워하지 않는 것 같아 후원을 멈춘다. 그랬더니 어느날 기관에서 연락이 온다. 왜 후원을 계속하지 않느냐고 묻는다. 이 말에 기분이 나빠진다. 호의를 계속 베풀었더니 권리인 줄 아는 것 같다. 후원은 더이상 하지 않기로 한다.

이 과정을 국가 단위로 확대해도 비슷한 상황이 연출된다. 장애인을 위해 국가가 예산을 사용하는 것에 대해 별 감정이 없다가, 막상 장애인이 당연한 권리로서 국가 예산을 요구하면 기분이 상한다. 장애인이 대중교통을 이용할 수 있도록 예산을 늘리라고 요구하며 시위를 했더니, 지나가는 사람이 "나라에 고마워하며 살아야 해요"라고 충고한다. 고마워하지 않는 사람에게는 베풀고 싶은 마음이 생기지 않는다며 시위 방식을 문제삼는다. 나는 호의를 베풀 수 있지만 당신에게는 그것을 요구할 권리가 없다고 말하는 것이다.

호의와 권리에 대한 이 이른바 '명언'은 불평등한 권력관계를 선명하게 보여준다. 무언가 베풀 수 있는 자원을 가진 사람은 호의로서 일을 하고 싶다. 자신이 우위에 있는 권력관계를 흔들지 않으면서도 좋은 사람이 될 수 있는 방법이기 때문이다. 이런 호의성(시혜성) 자선사업이나 정책은 그저 선한 행동이 아니다. 내가 당신을 어떻게 생각하는지에 따라 주고 말고를 결정할 수 있는, 통제권이 온전히 나에게 있는 일종의 권력행위이다. 만일 당신이 권리로서 무언가 요구한다면 선을 넘었다고 비난할 수 있는 권력까지 포함한다.

사람들 사이에는 권력관계가 있다. 사회 안에서 나의 위치에 따라 특권을 가지기도 한다. 돈이나 정치적 권력을 가진 사람의 특권은 비교적 쉽게 드러나기 때문에 보통 특권이란 말이 일부 재벌이나 고위층의 권력으로 좁게 이해되는 경향이 있다. 하지만 특권을 일부 사람들만 향유하는 것은 아니다. **특권**^{privilege}이란 주어진 사회적 조건이 자신에게 유리해서 누리게 되는 온갖 혜택을 말한다.

불평등과 차별에 대한 연구가 진행되면서 학자들은 평범한 사람들이 가진 특권을 발견하기 시작했다. 이것이 '발견'인 이유가 있다. 일상적으로 누리는 이런 특권은 대개 의식적으로 노력해서 얻은 것이 아니라 이미 가지고 있는 조건이라서 많은 경우 눈치채지 못하기 때문이다. 특권은 말하자면 '가진 자의 여유'로서, 가지고 있다는 사실조차 느끼지 못하는 자연스럽고 편안한 상태이다.

한가지 예를 들어보자. 많은 사람들이 적어도 한번쯤 시외버스를 타보았을 것이다. 비행기를 타거나 그것도 비즈니스석을 타지 않는 이상, 사람들은 일반적으로 교통수단 탑승을 특권이라고 생각하지는 않는다. 시외버스 좌석에 앉아서 자신이 특권을 누리고 있다고 의식하는 사람은 거의 없을 것이다. 휠체어를 사용하는 누군가가 시외버스 탑승을 요구하기 전까지는 말이다. 시외버스에는 휠체어가 탑승할 수 있는 장치가 마련되어 있지 않기 때문에 차표를 사도 버스를 탈 수가 없다. 타인은 갖지 못하고 나는 가진 어떤 것, 여기서는 시외버스를 이용할 수 있는 기회가 특권이다.

나에게는 아무런 불편함이 없는 구조물이나 제도가 누군가에게는 장벽이 되는 바로 그때, 우리는 자신이 누리는 특권을 발견할 수 있다. 결혼을 할 수 있는 사람은 이를 특권이라 생각하지 않는다. 결혼을 할 수 없는 동성 커플이 나타나기 전까지는 말이다. 한국 국적을 가지고 태어난 사람은 한국에서 사는 것을 특권이라 생각하지 않는다. 한국에서 사는 자격을 취득해야 하는 외국인이 나타나기 전까지는 말이다. 하지만 안타깝게도 이런 발견의 기회는 자주 오지 않는다. 오더라도 자신의 특권을 눈치채지 못하곤 한다.

미국 웰슬리대학의 페기 매킨토시Peggy McIntosh 교수는 페미니즘 세미나에 참가한 남성 동료 교수들에게서 희한한 행동을 발견한다. 페미니즘 세미나에 참여할 정도로 여성 이슈에 관심 있는 동료들이 정작 여성에 관한 내용을 교과과정에 포함시키자는 제안은 받아들이기 어렵다며 거절한 것이다. 선량한 사람들임에 분명한 남성 동료 교수들이 자신들이 가진 특권을 인식하지 못하는 현상을 보며, 매킨토시는 자신도 인식하지 못하는 특권이 있을 것이라는 생각이 들었다.

매킨토시는 백인으로서 자신이 누리는 일상적 특권들을 수집했고, 백인특권white privilege의 46가지 예시를 담은 글을 발표했다.[10] 그중 일부를 소개하면 다음과 같다.

- 나는 내 자녀의 안전을 위해 구조적 인종주의를 의식하게

가르치지 않아도 된다.

• 내가 음식을 입에 넣고 말한다고 사람들이 내 피부색을 가지고 비웃지는 않을 것이다.

• 내가 속한 인종 집단을 대표해 이야기해달라는 요청을 받는 일이 없다.

• 내가 책임자를 부르면 거의 틀림없이 나와 같은 인종의 사람이 나올 것이다.

• 나는 내 외모, 행동거지, 냄새로 나의 인종이 평가된다는 사실에 신경쓸 일이 없다.

• 나는 내가 일하고 싶은 분야에서 나와 같은 인종의 사람이 수용되고 허용되는지 질문하지 않고 많은 선택지를 생각할 수 있다.

• 내가 리더로서 신용이 낮다면 그 이유가 인종 때문은 아닐 것이다.

매킨토시가 만든 자세한 예시들 덕분에 많은 백인들이 자신의 특권을 돌아볼 수 있었다. 많은 사람들이 다른 종류의 특권에 대해서도 목록을 작성하기 시작했다. 남성특권, 계층특권, 문화특권, 국적특권, 이성애자특권, 비장애인특권, 언어특권 등 각종 목록이 만들어졌다. 예를 들어 남성특권 목록에는 이런 내용이 포함되었다.[11]

• 내가 승진에 자꾸 실패한다면 그 이유가 성별 때문은 아닐 것이다.

• 나는 밤에 공공장소에서 혼자 걷는 걸 무서워하지 않아도 된다.

• 내가 책임자를 부르면 나와 같은 성별의 사람을 만날 것이 거의 분명하다. 조직에서 더 높은 사람일수록 더욱 확신할 수 있다.

• 내가 운전을 부주의하게 한다고 해서 나의 성별을 탓하지는 않을 것이다.

• 내가 많은 사람과 성관계를 한다고 해서 비난과 조롱의 대상이 되지는 않을 것이다.

• 나의 외모가 전형적인 매력이 없더라도 큰 문제가 아니며 무시할 수 있다.

이런 특권들은 대개 알아차리기 어렵다. 백인이나 남성의 신체로 살아가는 동안 나의 의도나 노력과 무관하게 펼쳐지는 일상적이고 자연스럽고 당연하고 정상적인 조건이자 경험이기 때문이다. 불이익을 당하는 상황이 아니기 때문에 깊이 생각해볼 이유가 없다. 분노, 두려움, 당황, 초조함과 같은 감정을 경험하지 않는다. 특권을 가졌다는 신호가 있다면 큰 노력 없이 신뢰를 얻고, 나를 있는 그대로 표현해도 안전하다고 느끼며, 문제가 발생하면 해결할 수 있다는 느낌들이다. 나에게 알맞게 주변 환경이 만들어져 있어 끊임없이 주변을 의식하지 않아도 된다는 점에서 편안한 상태이다.

특권을 알아차리는 확실한 계기는 그 특권이 흔들리는 경험을 할 때이다. 더이상 주류가 아닌 상황이 될 때, 그래서 전과 달리 불편해질 때, 지금까지 누린 특권을 비로소 발견할 수 있다. 한국인으로서 한국에서 주류로 생활하다가 외국에서 이방인으로서 불안하고 두렵고 화나는 경험을 한 적이 있다면 이해가 쉬울 것이다. 하지만 성별처럼 다른 위치에서 경험해보기 어려운 조건이라면 평생 그 특권을 모를 수도 있다.

대신, 본인의 위치가 그대로여도 사회의 변화로 인해 특권이 감지되기도 한다. 어쩌면 더치페이 논쟁은 이런 사회변화의 징후 중 하나일지 모른다. 모든 사람이 평등한 상태에서는 일방적으로 한 집단이 경제적 부담을 질 이유가 없다. 하지만 남녀 사이에 오랫동안 경제적 불평등이 존재했고, 경제적 부담 역시 불균형하게 분배되었다. 애초에 남녀가 평등했다면 여성이 남성에게 경제적으로 의존하거나 남성이 과중한 경제적 부담을 느끼는 일은 없었을 것이다.

그렇다면 지금 남성이 느끼는 이 부당함의 감정은 그동안 존재했지만 인식하지 못했던 특권을 일깨우는 신호로 볼 수 있다. 기존의 불평등한 관계에서 바람직해 보이던 어떤 관습이 합리성을 의심받기 시작한 것이다. 비용을 감당해야 하는 부담을 통해, 남성은 역으로 남성이 전통적으로 경제적인 지위에서 우위에 있었음을 깨닫게 된다. 불평등했던 관계가 흔들리기 시작하면서 생긴 균열이며, 아무 변화가 없었다면 몰랐을 소중한 발견이다.

누군가는 여전히 특권이란 말이 불편할 수 있다. 한국인으로서 혹은 남성으로서 이렇게 살기 힘든데 나에게 무슨 특권이 있는 거냐고 질문을 던질 수 있다. 불평등이란 말이 그러하듯, 특권 역시 상대적인 개념이다. 다른 집단과 비교해서 자연스럽고 편안하고 유리한 질서가 있다는 것이지, 삶이 절대적으로 쉽다는 의미가 아니다.

물고기에 비유해 생각해보자. 흐르는 물결을 따라서 헤엄치는 물고기는 그 물결을 가로지르거나 거슬러 올라가는 물고기보다 편하다.[12] 하지만 물결을 따라가며 헤엄치는 물고기를 보고 그저 편하다고만 할 수 없다. 삶은 어떤 모습으로든 우리를 힘들게 한다. 게다가 기회가 주어지는 만큼 과업이 따르고, 높은 자리에 오를수록 책임이 무거워지는 법이다.

그러니 누구의 삶이 더 힘드냐 하는 논쟁은 결론을 내리기 어렵다. "모두가 똑같이 힘들다"는 말도 맞지 않다. 그보다는 서로 다르게 힘들다고 봐야 한다. 불평등한 구조에서는 기회와 권리가 다르게 분배되고, 그래서 다르게 힘들다. 여기서 초점은 서로 다른 종류의 삶을 만드는 이 구조적 불평등이다. 그렇기에 불평등에 관한 대화가 "나는 힘들고 너는 편하다"는 싸움이 되어서는 해결점을 찾기 어렵다. "너와 나를 다르게 힘들게 만드는 이 불평등에 대해 이야기하자"는 공통의 주제로 이어져야 한다.

평등하기만 하면 모두의 삶이 쉬워질까? 대답에 매몰되지 말고 이 질문이 맞는 것인지 생각해보자. 우리가 권리와 기회를 요구할 때 그 결과로 기대하는 것은 편한 삶이 아니다. 우리는 시설에 갇혀서 남이 주는 대로 먹고 자고 아무런 노동을 하지 않으며 생애를 보내는 인생을 인간답다고 하지 않는다. 이런 삶은 동물에게도 가혹하다. 불평등한 위치에 있는 사람이 평등한 권리와 기회를 요구하는 건 다른 사람과 마찬가지로 위험을 감수하고 모험하면서 나름의 삶을 헤쳐나가겠다는 의미다.

기울어진 공정성

언뜻 이상하게 들릴 수도 있지만, 사람들은 자신에게 익숙한 불평등의 상태를 선뜻 벗어나려 하지 않는다. 배링턴 무어Barrington Moore는 저서 『부정의: 복종과 반역의 사회적 토대』Injustice: The Social Bases of Obedience and Revolt에서 사람들은 고통받고 억압받는 상태에서도 부정의를 잘 인식하지 못한다고 말한다.[13] 사람들이 부정의를 의식하는 때는 기존에 익숙하고 자연스럽게 생각했던 상태가 자신에게 불리하게 변할 때이다.[14] 만일 상대적으로 특권을 가지고 있어 현 체제가 편안하게 느껴지는 사람이라면, 평등으로의 진보가 그냥 달갑지 않은 정도가 아니라 '옳지 않다'고 생각될 수도 있다.

미국에서는 인종차별이 과거에 비해 얼마나 개선되었는가에 대한 설문에, 백인은 "많이 개선되었다"고 하고, 흑인은 "별로 개선되지 않았다"고 응답하는 경향이 꾸준히 나타난다.[15] 대니얼 카너먼Daniel Kahneman과 아모스 트버스키Amos Tversky는 2002년 노벨경제학상을 받은 **전망이론**prospect theory을 통해, 사람들이 손실의 가능성과 이익의 가능성 가운데 손실의 가능성에 더욱 민감하게 반응하는 손실회피편향loss aversion bias이 있다고 설명한다.[16] 이 이론을 반영하듯, 미국사회의 인종차별 개선은 특권을 잃는 백인의 입장에서 흑인보다 더욱 크게 체감한다.

기존에 특권을 가진 사람들에게는 사회가 평등해지는 것이 손실로 느껴질 수 있다는 말이다. 무엇보다 평등을 **제로섬 게임**zero-sum game으로 인식하고 있다면, 상대의 이익이 곧 나의 손실이라고 생각하게 된다.[17] 성평등을 둘러싼 논쟁에서 비슷한 긴장이 감지된다. 여성가족부의 「2016년 양성평등 실태조사 분석 연구」를 보면,[18] 사람들은 현재 한국사회가 여성에게 불평등하지만 앞으로 그 불평등이 감소할 것이라 전망하고 있다. 그런데 동시에 앞으로 남성에게 더 불평등한 사회가 될 것이라는 전망도 드러낸다.[19] 평등을 총량이 정해진 권리에 대한 경쟁이라고 여긴다면, 누군가의 평등이 나의 불평등인 것처럼 느끼게 된다. 사실은 상대가 평등해지면 곧

나도 평등해지는 것이 더 논리적인 추론인데도 말이다.

다시 말하지만, 대부분의 사람들이 평등이라는 대원칙에 동의하고 차별에 반대한다. 헌법에도 명시된 규범인 평등과 차별금지원칙에 적어도 대놓고 반대하는 사람은 거의 없다. 하지만 상대적으로 특권을 가진 집단은 차별을 덜 인식할 뿐만 아니라 평등을 실현하는 조치에 반대할 이유와 동기를 가지게 된다. 그러면서도 자신이 차별을 한다는 사실을 인정하기는 어렵기 때문에 결과적으로 모순적인 태도를 보이게 된다. 국가 권력에 맞서 민주주의와 인권을 외쳐왔지만 주류로서 자신이 가진 특권을 인식하지 못하여 차별적인 태도를 보이는 '진보' 정치인을 종종 보는 것처럼 말이다.

문제는 이 모든 작용이 대개 자연스럽게 일어난다는 사실이다. 세상이 기울어져 있음을 생각하지 않고 평등을 찾다보면 불평등한 해법이 나오기 쉽다. 기울어진 땅에 서서 양손으로 평행봉을 들면 평행봉 역시 똑같이 기울어지는 것처럼 말이다. 장애인의 시외버스 탑승에 관해 수업시간에 학생들과 토의를 한 적이 있다. 비장애인은 수없이 시외버스를 타고 다니면서도 장애인이 탑승하지 못하는 사실을 눈치채지 못한다는 이야기를 나누었다. 그런데 토의 후 생각을 정리하는 메모에 한 학생이 이렇게 적었다.

"장애인이 버스를 타면 시간이 더 걸리니까 돈을 더 많이 내야 하는 것 아닐까요?"

어떻게 이런 생각을 하게 되었을까? 이 학생은 기울어진 세계 위에 서서 공정성을 이야기하고 있었다. 비장애인을 중심으로 설계된 질서 속에서 바라보면 버스의 계단을 오르지 못하는 것은 장애인의 결함이고 다른 사람에게 부담을 주는 행위다. 그러니 장애인이 비장애인보다 돈을 더 많이 내는 것이 공정하다는 결론이 나온다. 그는 애초에 비장애인에게 유리한 속도와 효율성을 기준으로 삼는 것이 기울어진 공정성임을 인식하지 못했다.

정치인이나 공직자의 실언도 비슷하다. 대중의 공분을 산 사례들을 보면, 자신은 "비난할 의도가 없었다" "좋은 의도로 한 말이었다"라고 항변하는 경우가 많다. 이영우 전 경상북도 교육감은 교사 연수 자리에서 "여교사는 최고의 신붓감" "처녀 여자 교사들 값이 높다"는 발언을 했다.[20] 여성 교사를 동료 교사로서 대우하는 것이 아니라 그저 신붓감으로, 더 나아가 값이 매겨지는 상품으로 묘사했으니 모욕적인 말이었다. 그렇다고 유권자의 심기에 민감한 선출직 교육감이 정말로 여교사를 비하할 의도가 있었다고는 상상하기 어렵다. 교육청의 설명대로 여교사를 추켜세우려는 의도였을 것이다. 문제는 그가 서 있는 기울어진 세상에서 익숙한 생각이 상대방에게 모욕이 될 수 있음을 알지 못했던 것이다.

많은 사람들이 부지불식간에 기울어진 공정성을 추구한다. 인터넷 댓글과 청와대 국민청원 게시판에서 외국인이 흉포한 범죄를 저지른다고 주장하며 추방을 요구하면서도 자신은 차별주의자가 아니라고 항변한다. 헌법상 평등과 차별금지원칙을 수호한다는 정치인이 성소수자의 권리를 동등하게 보장하는 정책과 입법에 반대한다. 누군가가 듣기에는 앞뒤가 안 맞는 말인데 누군가는 수긍한다. 누군가가 보기엔 세상이 소수자에게 불리하게 기울어져 있는데, 누군가의 눈에는 세상이 평등해 보인다. 전자의 관점에서 평등을 이루려는 시도들이 후자의 눈에는 역차별로 보이는 이유다.

최규석의 웹툰 「송곳」에서는 지위와 상황에 따라 달라지는 우리의 모습을 이렇게 꼬집어 말한다.

"당신들은 안 그럴 거라고 장담하지 마."

"서는 데가 바뀌면 풍경도 달라지는 거야."

나는 어디에 서서 어떤 풍경을 보고 있는가. 내가 서 있는 땅은 기울어져 있는가 아니면 평평한가. 기울어져 있다면 나의 위치는 어디쯤인가. 이 풍경 전체를 보려면 세상에서 한발짝 밖으로 나와야 한다. 그럴 수 없다면 이 세계가 어떻게 기울어져 있는지 알기 위해 나와 다른 자리에 서 있는 사람과 대화해보아야 한다. 한국사회는 정말 평등한가? 나는 아직까지 한국사회가 그 이상향에 도달했다고 생각하지 않는다. 우리는 아직 차별을 부정할 때가 아니라 더 발견해야 할 때다.

우리는 한곳에만 서 있는 게 아니다

약자와 약자, 연대의 실패

2018년 500여 명의 예멘 난민이 내전을 피해 제주도에 입국했다. 이들 난민을 수용하는 문제에 사람들이 격론을 벌이기 시작했다. 2018년 7월 4일 실시한 제주 예멘 난민 수용에 관한 여론조사에서 남성은 46.6퍼센트가 수용에 반대하고 48.0퍼센트가 찬성했다. 비슷했지만 찬성이 조금 더 많았다. 그런데 여성의 입장은 많이 달랐다. 60.1퍼센트가 이들의 수용에 반대했다. 찬성은 27.0퍼센트에 불과했다.[1] 압도적인 반대였다.

이상한 일이다. 연구에 의하면 약자의 지위에 있는 사람들은 대체로 다른 약자와 잘 공감한다고 했다. 약자는 불이익을 당한 자신의 경험을 반추하여 다른 약자의 상황을 이해하고, 그래서 주류 집단보다 더 관용적인 태도를 가진다.[2] 페기 매킨토시가 여성으로서 불이익을 받았던 경험이 있었기에, 백인으로서 누리는 특권을 성찰하여 백인특권 목록을 만든 것처럼 말이다(1장 참조). 그런데 왜 한국 여성들은 전쟁을 피해 제주에 온 난민에 대해 관용보다는 배척의 태도를 보인 것일까? 여성에 비해 주류 집단인 남성보다도 훨씬 높은 비율로 말이다.

사람들이 예멘 난민 수용을 반대한 주요 이유 중 하나는 "여성에 대한 성범죄 가능성이 높다"는 것이었다. 많은 여성들이 이 공포에 동의하는 것 같았다. 제주도에 온 예멘 사람을 바라보는 시각은 '난민'보다는 '남성'이었다. 그리고 여기에 수식어가 붙었다. 이슬람이란 종교를 가진 무슬림 남성. 많은 여성들이 무슬림이란 단어로 연상하는 성차별적이고 폭력적인 남성과 그 잠재적 피해자인 여성의 구도로 이 상황을 바라보았다. 이 구도에서 여성은 여전히 피해자고 약자였다. 난민 수용 반대는 여성들이 스스로를 보호하기 위한 정당한 요구였다.

약자와 약자의 연대는 일어나지 않았다. 한국 여성이 더 약자라고 주장했다. 무슬림 남성인 난민은 정말 남성으로서 권력을 가졌을까? 1장에서 언급한 남성특권을 상기해보자. 난민으로 한국에 온 이들은 앞서 말한 종류의 남성특권과는 거리가 있어 보인다. 과연 이들이 한국사회에서 "큰 노력 없이 신뢰를 얻고, 나를 있는 그대로 표현해도 안전하다고 느끼며, 문제가 발생하면 해결할 수 있다"는 느낌을 가질까? 난민 인정을 받는다고 해도 그런 특권을 누리게 될까? 한국인 여성이 이들을 한국인 남성과 같은 지위 혹은 더 힘이 있는 지위로 보는 것이 타당한가?

"국민이 먼저다." 난민 반대 집회에 등장한 이 구호를 보면 상황이 더 선명해진다. 난민을 둘러싼 쟁점의 핵심은 한국이 난민을 수용할 것인지 여부였다. 이때의 권력관계는 난민 수용 결정을 내릴 권한이 있는 사람과 그 처분을 받아야 하는 사람 사이에 있다. 국민은 한국 땅에서 살 수 있는 기득권과 정부의 난민정책에 영향력을 행사할 권력을 가지고 있다. 반면 외국인은 그러한 권한이 없다. 국민들의 반대는 정부를 움직였고, 2018년 6월 1일부터 예멘인은 더이상 제주도에 무비자 입국을 할 수 없게 되었다.

한국인 여성은 소수자 집단인 여성으로서가 아니라 주류 집단인 국민으로서 권력을 행사했다. 여성으로서는 아니어도 한국인으로서 상대적으로 "큰 노력 없이 신뢰를 얻고, 나를 있는 그대로 표현해도 안전하다고 느끼며, 문제가 발생하면 해결할 수 있다"는 느낌을 가진다. 평소에는 잘 보이지 않지만, 국민으로서 누리는 특권이다. 반면 제주도의 예멘인들은 계속된 의혹의 눈초리를 받았다. 성범죄를 이미 저지른 사람인 것 같은 오명 외에도 "가짜 난민"이라며 근본적인 의심을 받았다.

여성이 주류 집단이라니 이상하게 들릴 수 있다. 그런데 그런 일이 일어난다. 성별로 인한 지위 외에도, 사람은 수많은 다중적 지위의 복합체이기 때문이다. 앞서 서는 곳이 달라지면 풍경도 달라진 다고 했다. 그런데 우리는 한곳에만 서 있는 게 아니다.

복잡한 세상을 이해하는 단순한 방식

호모 카테고리쿠스$^{Homo\ categoricus}$, 인간은 범주화하는 경향이 있다 는 말이다.[3] 인간은 사람이든 동물이든 사물이든, 범주로 구분하는 습관이 있다. 어릴 때 즐겨하던 퀴즈를 생각해보자. 사과와 딸기의 공통점은? (답은 과일이다.) 참외는 과일인가 채소인가? (이 답은 언제나 알쏭달쏭하다.) 같은 것과 다른 것을 분류하는 사고의 과정 을 통해 범주를 만들고 그 범주를 바탕으로 세상을 이해한다. 고든 올포트$^{Gordon\ Allport}$는 저서 『편견의 본질』$^{The\ Nature\ of\ Prejudice}$에서 이렇 게 말한다. "인간의 마음은 범주의 도움을 받아야 사고할 수 있다. (…) 그래야 질서 있는 생활이 가능하다."[4]

사람에 대해 생각해보자. 지구상에는 77억 명의 인구가 있다. 한 국만 해도 약 5,000만 명이 있다. 범주의 도움을 받아야 이 많은 사 람들을 이해하기 쉽다. 어떻게 분류할까? 분류의 방법은 셀 수 없 이 많겠지만, 일단 성별, 나이, 직업, 종교, 성적지향, 출신 국가 정 도를 생각해보겠다. 마자린 바나지$^{Mahzarin\ Banaji}$와 앤서니 그린월드 $^{Anthony\ Greenwald}$가 『마인드버그』^{Blindspot}에서 설명한 방식을 따라 이

6개의 기준을 가지고 표1과 같이 범주를 만들어보자(지면상 모든 범주를 다 적을 수는 없어 임의로 일부만을 적었다. 본인이 속하는 범주가 포함되지 않았다면 양해를 구한다).[5]

표1. 범주 제조기

성별	나이	직업	종교	성적지향	출신 국가
여성	청소년	주부	불교인	이성애자	한국인
남성	청년	공무원	천주교인	동성애자	미국인
트랜스젠더 남성	중년	농업노동자	개신교인	양성애자	일본인
트랜스젠더 여성	노인	교수	무슬림	무성애자	예멘인

주) Mahzarin R. Banaji & Anthony G. Greenwald, *Blindspot: Hidden Biases of Good People*, Bantam, 2013, 81면의 표를 재구성한 것임.

이처럼 6가지 차원에 따라 사람이 분류될 수 있다. 예를 들어, 이 글을 읽는 당신은 여성-청년-공무원-천주교인-이성애자-한국인일 수 있다(맞았다면 너무 놀라지 않기를!). 마찬가지로 다른 조합도 가능하다. 트랜스젠더 남성-중년-교수-무슬림-양성애자-미국인을 상상할 수 있다. 이런 식으로 표1의 범주들을 교차하면 4,096개의 범주가 만들어진다. 분류기준을 추가하거나 분류기준 안의 범주를 더 추가한다면(예컨대 직업을 100개 이상 나열할 수 있다) 훨씬 더 많은 범주가 만들어질 것이다(범주화를 했지만 여전히 인간은 복잡하고 다양하다!).

이 간단한 표에서조차 가능한 모든 조합을 떠올리기는 쉽지 않다. 한가지 차원에서의 분류는 쉽지만, 여러 차원을 교차하여 4,000여 가지를 상상하기는 어렵다. 대신 사람들은 익숙한 어떤 조합, 즉 전형적인 성별, 나이, 인종·민족, 직업 등을 떠올린다. 바나지와 그린월드는 사람들에게 기본값인 디폴트^{default}가 있다고 설명한다.[6] 예컨대 '미국인'이라고 하면 백인-남성-성인을 떠올린다. '한국인'이라고 하면 어떤 특징이 떠오르는가? 혹시 남성-중년-회사원과 같은 이미지는 아닌가? '예멘인'에 대해서는 어떤 디폴트를 가지고 있는가?

동시에 사람들은 범주를 구분 짓는 독특한 특징을 찾아내는 작업을 한다. 예컨대 어떤 나라를 여행할 때 우리는 종종 그 나라의 '국민성'을 알아본다. 낯선 곳에서 사람을 만나 당황하거나 실수하지 않기 위해 미리 알아두어야 할 정보라고 생각한다. 이런 취지에서였는지 한 여행 블로거는 한국인의 성격을 몇가지로 정리했다. 가령 이런 내용들이다.[7]

"한국인은 감정적이다."

"한국인은 참을성이 없다."

"한국인은 수줍음이 많다."

"한국인은 외모에 집착한다."

당신은 얼마나 동의하는가? 만일 이 글을 읽는 당신이 한국인이라면, 본인과는 얼마나 일치하는가? 1990년대 외국 영화에 등장하는 한국인의 이미지는 '돈벌레'였다. 영화 「폴링다운」(1993)의 한국인 상점 주인은 물건을 사지 않으면 동전을 바꿔주지 않는 사람이고, 뤼끄 베송 Luc Besson의 「택시」(1998)에 나오는 한국인 두 사람은 돈을 벌기 위해 교대로 차 트렁크에서 잠을 자며 운전한다. 한국인을 이렇게 묘사하는 건 단순한 특징의 재현인가 아니면 일종의 인종차별인가?

이런 식의 단순화된 정보를 **스테레오타입**stereotype, 또는 고정관념이라고 부른다. 스테레오타입은 1700년대에 신문 지면과 같은 한 페이지를 통째로 찍어내는 금속 인쇄판을 지칭하는 단어로 처음 등장했다. 1922년 미국의 저널리스트인 월터 리프먼Walter Lippmann이 그의 책 『여론』Public Opinion에서 이 용어를 사용하면서 오늘날의 의미를 갖게 되었다. 리프먼은 사람들이 머릿속에 각인된 그림을 가지고 경험하지 않은 세상을 그린다고 생각했다. 바깥세상을 직접 경험할 수 있는 폭은 좁다. 그런데 스테레오타입은 효율적으로 무언가 안다는 느낌을 준다. 사람들은 이런 방식으로 세계를 이해하고 여론을 형성한다.[8]

문제는 이렇게 단순화하는 과정에서 오류가 생긴다는 것이다. 일부 특징을 과잉 일반화한 결과, 즉 **편견**prejudice이다. 고정관념(이하 스테레오타입 대신 고정관념이라 하겠다)과 편견이 작동하는 방식을 이해하기 위해, 국가별 특징에 대해 좀더 이야기해보겠다.

앞서 본 한국인에 대한 묘사처럼 특정 국가의 사람을 어떤 특징과 연관하여 생각하는 습관은 익숙하다. 한 국제결혼중개업체의 홈페이지에서 '국가별 신부들의 장점'이라는 제목으로 우즈베키스탄, 베트남, 중국 여성의 특징을 소개한 내용을 보자.[9]

• **우즈베키스탄 여성의 특징** 이슬람의 영향으로 아직도 남존여비의 사고방식이 자리잡고 있으며 30~40년 전 우리나라 여성들이 가졌던 때 묻지 않은 순수함과 소박함과 남편을 존중하고 가정을 생각하는 여필종부형의 신부들이 많습니다.

• **베트남 여성의 특징** 모계사회로 여성들 대부분이 농사일을 하고 집안일을 이끌어나갈 정도로 생활력이 강하여 대부분의 정서와 가치관이 남편에게 순종하고 웃어른을 공경하고 지극한 모성애와 자식에 대한 높은 교육열과 한번 시집가면 일부종사한다는 우리 어머님 세대의 전통적인 가치관을 갖고 있습니다.

• **중국(한족) 여성의 특징** 사회주의 체제에서 성장함으로써 부지런하고 검소하며 어려운 여건하에서도 참고 이겨내는 인내력이 뛰어납니다.

순수, 순종, 공경, 부지런, 검소, 모성애, 생활력, 인내력 등의 단어가 눈에 띈다. "남존여비"(사회적 지위나 권리에 있어 남자를 여자보다 우대하고 존중하는 일), "여필종부"(아내는 반드시 남편을 따라야 한다), "일부종

사"(한 남편만을 섬김)와 같은 오래된 사자성어도 보인다(정의는 국립국어원의 『표준국어대사전』을 따랐다.). 한국에서 국제결혼중개업은 영리사업이다. 이 안내는 국제결혼을 독려하기 위한 목적을 가지고 쓰여진 것으로 각국의 여성을 최대한 긍정적으로 묘사하려는 의도가 있었을 것이다. 그런데 실제로 이 설명은 얼마나 정확한 것일까?

고정관념은 대상 그 자체가 아니라 자신의 "머릿속에 있는 그림"이다.[10] 이 머릿속 그림이 대상이라고 착각하지만 사실은 자기 자신이다. 위 국제결혼중개업체 사이트에 소개된 국가별 여성의 특징이 사실에 얼마나 부합하는지 이 내용을 통해서는 알 수 없다. 대신 국제결혼을 하려는 사람이나 중개하는 사람들의 머릿속 관념을 알 수 있다. 순종, 남존여비, 여필종부 등의 단어를 사용한 것을 보면, 남성우월주의가 유지되는 관계로 결혼을 상상하고 있음을 눈치챌 수 있다. 고정관념은 자신의 가치체계를 드러내는 일종의 자기고백인 셈이다.

위 국제결혼중개업체 사이트에 묘사된 외국인 여성의 이미지는, 막상 이들이 한국에 오면 다른 각도로 바뀐다. 순종하고 공경하는 신부로서 한국인에게 이익이 되는 존재라는 이미지 대신, 이주민으로서 한국인에게 손해를 입히는 존재라고 묘사하는 이미지가 등장한다. 가령 "가난한 나라에서 돈 때문에 왔다"고 비하하거나, "그들을 위해 세금을 쓰는 게 싫다"며 지원정책에 반대하고, "너희 나라로 돌아가라!"고 반감을 표하기도 한다. 이주여성이 변한 것이 아니라 이들을 바라보는 한국인의 시선이 바뀐 것이다.

고정관념은 일종의 착각이지만 그 영향은 꽤 강력하다. 일단 마음속에 들어오면 일종의 버그처럼 정보처리를 교란시킨다. 사람들은 자신의 고정관념에 부합하는 사실에 더 집중하고 그것을 더 잘 기억한다.[11] 결과적으로 그 고정관념을 점점 더 확신하는 사이클이 만들어진다. 반면 고정관념에 부합하지 않는 사실에는 별로 주의를 기울이지 않는다. 고정관념과 충돌하는 사례를 보더라도 고정관념을 바꾸지 않는다. 대신 전형적이지 않은 특이한 경우라고 여기며 예외로 치부한다.[12] 고정관념이 활발하게 작동하는 상태에 있는 사람에게 반증 사례를 아무리 제시해도 별 효과가 없는 이유이다.

존 달리[John Darley]와 패짓 그로스[Paget Gross]의 1983년 연구는 고정관념의 무의식적 영향을 잘 보여준다.[13] 연구자들은 대학생들을 두 집단으로 나누고 '한나'라는 아동에 대해 설명한다. 이때 한나의 가정환경에 대해 한쪽 집단에는 저소득층이라는 정보를, 다른 쪽 집단에는 고소득층이라는 서로 다른 정보를 준다. 1차 실험에서는 이 정보만으로 한나의 학업능력을 평가하게 했다. 참가자들은 주저했다. 가정환경에 관한 정보만으로 판단할 수는 없다는 반응이었다. 실제로 한나에 대한 평가 결과는 별 차이가 없었다.

하지만 2차 실험에서는 달랐다. 한나가 문제를 푸는 영상을 두 집단에게 보여줬다. 동일한 영상이었다. 그런데 두 집단의 평가 결과가 달랐다. 한나가 고소득층이라고 알고 있는 집단이 저소득층이라고 알고 있는 집단보다 한나의 능력을 더 높게 평가했다. 문제를 더 많이 맞힌다고 생각했고, 행동을 더 긍정적으로 평가했다. 어떻게 이런 일이 일어났을까? 참가자들은 고정관념을 의식하고 있지 않았지만, 고정관념이 작동하면서 정보처리를 교란시켰다. 사람들은 고정관념에 부합하는 정보를 선택적으로 더 잘 흡수하고, 이는 판단을 편향시킨다.

이렇게 사람을 구분하는 경계를 따라 고정관념이 생기고 그에 따라 사람들의 태도가 변한다. 이 경계가 어떻게 작동하는지 좀더 생각해보자.

움직이는 경계

2018년 2월 평창 동계올림픽을 앞두고 19명의 외국인이 대한민국 대표로 올림픽에 출전하기 위해 귀화했다. 남자 아이스하키는 25명 중 7명이 외국 출신 선수였고, 여자 아이스하키는 23명 중 4명이 외국 출신이었다. 이 중에는 동포나 입양인처럼 혈연관계가 있는 사람도 일부 있었다.[14] 그렇다 해도 기존에 한국사회에서 함께 산 적이 없는 낯선 외국인들에게 많은 사람들은 흔쾌히 국적이라는 멤버십을 내어주고 '우리'라고 부르며 응원했다. 제주도 예멘 난민의 수용을 반대하는 목소리가 높아지기 불과 얼마 전의 일이었다.

반면, 한국사회에서 아무리 오랫동안 함께 산 사람이라도 '우리'로 받아들여지지 않는 때가 많다. 몽골 국적의 17세 현호(가명)의 이야기와 비교해보자. 현호는 몽골 국적의 엄마와 함께 7세부터 한국에서 살았다. 2012년 고등학교 2학년에 재학중이던 현호는 어느 날 다른 친구들의 싸움을 말리다가 경찰서에 가게 되었다. 현호의 잘못이 없다는 건 분명했지만, 그 과정에서 현호가 한국 체류 자격이 없는 미등록 상태라는 사실이 알려졌다. 현호가 외국인보호소에 수용되고 강제출국을 당하기까지는 순식간이었다.[15] 현호는 한국에서 10년을 함께 살았지만 올림픽 출전을 위해 기꺼이 내어주던 국적은커녕 한국에 머무를 수 있는 체류 자격도 얻지 못했다.[16]

물론 두가지 사안이 같지는 않다. 어쩌다 있는 올림픽을 위해 19명을 엄선해서 국적을 부여하는 것과, 몇명이 될지 모르는 미등록 아동을 위해 국적이나 체류 자격을 부여하는 것은 다를 것이다. 하지만 이들을 대하는 사회의 태도는 단순히 이민정책을 이성적으로 고민하는 수준을 넘는다. '우리'라며 환대하는 태도와 '그들'이라며 배척하는 태도 사이에는 극명한 감정적 온도 차이가 있다. 환대의 이유는 무엇일까? 정말 몇번의 올림픽 출전이 한국사회에 기여하는 몫이 더 크기 때문일까? 어쩌면 현호가 한국사회에 남아서 구성원으로서 평생 일구어내는 기여가 더 크지는 않을까? 왜 이런 셈이라도 해볼 생각조차 않고 누군가를 배척하는 걸까?

'우리'와 '그들'이라는 감각의 차이는 두 집단을 가르는 경계에서 생긴다. 연구에 의하면 사람들은 자신이 속하지 않은 다른 집단, 즉 '그들'을 쉽게 단순화하는 경향이 있다.[17] 상대적으로 자신이 속한 내부 집단은 복잡하고 다양하고 더 인간적이라고 느낀다. 반면 외부 집단은 훨씬 단조롭고 균질하며 덜 인간적으로 보인다. 내부 집단과 외부 집단의 차이를 과장하여 생각하기도 한다. 그렇게 나를 중심으로 집단을 가르는 마음의 경계를 따라 '그들'에 대한 고정관념과 편견이 만들어진다. 외국인을 대하는 태도도 이 마음의 경계에 따라 달라진다.

학자들은 이 경계가 어떻게 생기는지에 관심을 두었다. 헨리 타지펠Henri Tajifel과 연구자들은 실험을 통해 이 경계가 아무런 의미가 없는 임의의 기준으로도 만들어질 수 있음을 보였다.[18] 1971년 연구에서 참여자들은 두 작가의 그림을 좌우에 배열한 여러장의 슬라이드를 보고 자신의 선호를 좌측 또는 우측으로 응답했다. 연구진은 참여자들에게 선호에 따라 집단이 결정된 것처럼 안내했지만 실제로는 응답과 무관하게 임의로 나누었다. 그리고 한 집단은 '바실리 칸딘스키를 선호하는 집단', 다른 집단은 '파울 클레를 선호하는 집단'이라고 (거짓으로) 알려주었다.

이 집단은 사실 구성원 사이에 아무런 연관성 없이 만들어졌다. 하지만 간단한 과업을 부여하자 두 집단은 정말 '집단'처럼 행동하기 시작했다. 연구진은 참여자들에게 종이를 나누어주고 '칸딘스 키팀' 구성원과 '클레팀' 구성원에게 포인트 점수를 주도록 했다. 실험 결과, 참여자들은 평균적으로 자신과 같은 집단의 구성원에게 더 높은 점수를 부여했다. 다른 실험에서도 비슷한 결과가 나왔다. 가짜 성격검사로 집단을 나누고 단순히 개인적인 분노의 감정을 떠올리게 하는 것만으로도, 사람들은 외부 집단 구성원을 부정적으로 평가했다.[19] 데이비드 데스테노David DeSteno와 연구자들은 이런 현상을 두고 "난데없는 편견"prejudice from thin air이 자동으로 생성되었다고 표현했다.[20]

만일 두 집단이 경쟁관계면 어떤 일이 생길까? 서로 다를 게 없는 집단이라도 상황에 따라 극도의 집단갈등이 초래될 수 있음을 보여주는 연구가 있다. 1954년 '로버스 케이브 실험'Robbers Cave Experiment으로 잘 알려진 연구에서, 무자퍼 셰리프Muzafer Sherif와 동료들은 비슷한 배경의 아동 22명을 최대한 동질하게 두 집단으로 나누어 여름캠프를 진행했다. 두 집단의 이름은 각각 '독수리팀'과 '방울뱀팀'이었다. 첫째 주에는 상대의 존재를 모르게 했다. 둘째 주에는 두 집단이 만나 야구, 줄다리기 등 상품이 걸린 대항 게임을 진행했다. 두 집단은 상대에 대해 비난과 욕설을 하기 시작했다. 적개심이 생기고 폭력과 갈등이 깊어졌다. 마지막으로 실험의 최종 단계에서 두 집단에게 공동으로 해결해야 할 상위 목표를 제시하자 긴장이 줄어들었다.[21]

이런 연구들을 보면, 집단의 경계가 생각보다 공고하지 않다는 사실을 알게 된다. 집단을 가르는 경계는 상황에 따라 만들어지고 또 움직인다. 한국사회의 경험을 보더라도 외국인이 이 땅에 발 딛는 것에 반대하여 "국민이 먼저다"라고 외치는 사람들이, 동시에 올림픽 경기를 위해 낯선 외국인을 국민으로 맞는다. '우리'와 '그들'의 경계는 국적이라는 객관적인 사실에 있는 것이 아니라, 어디까지를 '우리'라고 보는지 주관적인 관념에 달려 있다. 분명한 건 그중 어떤 경계선을 따라 우리는 내부인에게 친절하고 헌신하는 사람이 되고, 외부인에게는 매정하고 때로 잔인한 사람이 되는 경향이 있다는 점이다.

이때 '우리'와 '그들'을 가르는 경계는 국적만이 아니라 성별, 장애, 나이, 종교, 가족상황, 학력, 지역, 성적지향, 성별정체성 등 수많은 분류기준과 범주에 따라 다층적으로 존재한다. 인간을 여러 차원의 범주로 구분할 수 있는 만큼 집단도 거의 무한대로 생성될 수 있다. 당연히도 한 개인은 동시에 여러 차원의 집단에 속하게 된다. 그래서 상황에 따라 차별을 받는 집단에 속하기도 하지만 반대로 특권을 누리는 집단에 속하기도 한다. 때로는, 차별을 받는 여러 집단에 속해 있어서 한꺼번에 복합적으로 차별받기도 한다.

교차로에서 일어나는 일

난센스 퀴즈를 하나 내보겠다. A회사는 직원 중 흑인이 절반이고 여성이 절반이다. 그런데 흑인 여성이 한명도 없다. 어떻게 된 걸까? 답은 모든 흑인은 남성이고, 모든 여성은 백인이기 때문이다. 그래도 A회사는 교묘하게 인종차별과 성차별의 잣대에서 빠져나간다. 회사에 흑인과 여성이 충분히 고용되어 있기 때문이다. 사회가 흑인을 말하면서 남성을 떠올리고 여성을 말하면서 백인을 떠올린다면, 흑인 여성은 사실상 없는 존재가 된다. 이런 상황을 보고 킴벌리 크렌쇼Kimberle Crenshaw는 **교차성**intersectionality의 문제를 제기한다.

실제 이런 사건이 있었다. 미국의 자동차회사 제너럴 모터스GM에는 직원 중에 흑인 여성이 한명도 없었다. 1964년 이전에는 전혀 없었고, 1970년 이후에 고용된 흑인 여성은 모두 정리해고되었다.[22] 해고된 흑인 여성 5명이 성차별과 인종차별을 동시에 문제삼았지만, 법원은 동의하지 않았다. 여성을 고용해왔기 때문에 성차별이 없다고 보았다. 인종차별의 문제는 흑인 남성이 제기한 사건과 함께 판단하도록 했다. 흑인 여성에 대한 차별을 별도로 고려해야 한다는 주장은 받아들여지지 않았다.[23]

무엇이 문제였을까? 차별을 단일 차원으로 바라보면 왜곡 현상이 일어난다. 차별을 일차원적으로 접근하는 방식은 다른 차원에

서는 특권을 가지고 있고 딱 한가지 문제만 해결되면 되는 사람에
게는 의미가 있다. 예컨대 흑인이면서 이성애자 남성인 사람은 인
종차별의 문제만 없다면 주류가 된다. 마찬가지로 여성이면서 백
인 이성애자인 사람은 성차별의 문제만 없다면 주류가 된다. 그런
데 어떤 사람이 여성이고 흑인이면서 동성애자라면 어떨까? 앞에
서 말한 흑인 여성들의 사례처럼 차별을 단면적으로 접근하면 어
디에서도 구제되지 않는 사람들이 있다. 흑인 내에서 주변화되고
여성 내에서도 주변화되면서 흑인 여성에 대한 차별이 은폐되는
것이다.

크렌쇼는 인간이 다면적인 존재임을 고려하지 않으면 이런 오
류가 생긴다는 사실을 지적한다. 그의 논문 「인종과 성별 교차의
주류성 회복: 반차별이론, 페미니스트이론, 반인종주의 정치에 대
한 흑인 페미니스트 비판」Demarginalizing the Intersection of Race and Sex: A Black
Feminist Critique of Antidiscrimination Doctrine, Feminist Theory and Antiracist Politics에서는
교차로에서 일어난 교통사고에 비유해 교차성을 설명한다.[24] 인종
차별과 성차별이 교차하는 곳에서 사고가 났다면 원인을 쉽게 밝
힐 수 있을까? 두가지 차별 중 어느 하나로 설명될 수도 있고, 두가
지 차별이 중첩되거나 혹은 결합되면서 독특한 제3의 형태로 나타
날 수도 있다.

인종을 가로지르는 성범죄는 이 교차점에서 수상한 역동을 만든
다. 흑인 남성이 백인 여성을 강간하는 일은 역사적으로 미국사회

에서 대단한 공포였다. 그 결과 과거 많은 흑인 남성들이 린치(비사법적인 처형)를 당했다. 여기서 백인 여성의 순결을 요구하는 것도, 이 순결을 훼손한 흑인 남성에게 분노하는 것도 백인 남성이었다. 흑인 남성을 향한 분노는 교묘하게 백인 남성의 성차별을 은폐했다. 백인 남성이 백인 여성의 보호자로 나서고, 성범죄는 흑인의 문제인 것처럼 비난의 화살이 향했다. 사회가 여성의 안전을 위하는 것 같지만, 사실 더 두드러진 현상은 인종적 편견이 깊어지는 것이었다.[25]

이 상황에서 흑인 여성은 여성으로서 동등하게 보호받았을까? 그렇지 않았다. 백인 여성과 달리 흑인 여성은 성적으로 문란하다고 여겨졌다. 백인 남성이 흑인 여성에게 저지른 성범죄는 백인 남성의 권력 때문에 법정에서 제대로 다루어지지 못했다. 흑인 남성이 가해자인 경우에도 흑인 여성은 곤란한 상황에 처했다. 흑인 남성을 성범죄자로 보는 인종적 편견을 강화할까 두려워, 흑인 여성은 흑인 남성에 의한 성범죄 피해를 쉽게 공론화하지 못했다. 같은 여성이라도 인종에 따라 처한 상황은 달랐다.[26]

1991년 흑인 여성인 애니타 힐[Anita Hill]은 흑인 남성으로서 대법관 지명을 받은 클래런스 토머스[Clarence Thomas]에게 성희롱을 당했다고 폭로했다. 당시 로스쿨 교수였던 힐은 청문회에 나가 과거 토머스가 상관으로서 자신에게 한 언행을 증언했다. 토머스는 힐의 주장이 "잘난 척하는 흑인에 대한 고도의 린치"라며 인종차별이라고 응수했다. '린치'란 말을 통해 그는 자신에 대한 의혹을 인종차별의 문제로 돌렸고, 결국 연방대법원의 대법관이 된다. 반면 힐은 청문회 이후 비난에 시달리다 재직하던 대학을 떠나야 했다. 힐이 백인 여성이었다면 상황이 같았을까? 힐은 여성으로서도 흑인으로서도 온전히 포착되지 않는 차별의 교차로에 서 있었다.[27]

2018년 한국에서 사람들은 여성의 안전 문제를 이유로 예멘 난민 수용에 반대했다. 많은 사람들이 예멘의 성차별적 문화에 대해 이야기했다. 하지만 이 이야기는 주로 예멘인에 대한 인종적 편견을 강화하고 배척을 정당화하기 위한 근거로서 말해졌다. 사람들은 예멘 여성에게 관심이 얼마나 있었을까? 실제로 제주도 예멘 난민 500여명 중에는 45명의 여성이 있었다.[28] 그런데 전원이 남성이라는 생각이, 그렇게 믿고 싶은 듯 사실처럼 유통되었다. 예멘 여성의 존재는 지우려는 듯이 말이다. 여성의 안전을 외치는 한국사회에서 예멘 여성들의 자리는 없었다. 1851년 "나는 여성이 아니란 말입니까?"Ain't I a Woman?라고 외쳤던 흑인 여성 소저너 트루스Sojourner Truth의 연설이 아직도 자주 소환되는 이유이다.

차별을 바라볼 때 성별과 인종의 축에 더해 국적, 종교, 출신 국가, 사회경제적 지위 등 다른 축을 넣으면 상황은 더욱 복잡해진다. 일차원에서 이차원으로, 삼차원에서 그 이상의 다차원으로 넘어가는 논의를 모두 풀어내기는 불가능에 가깝다. 하지만 그것과 무관하게 차별의 경험을 어느 한가지 축으로만 설명할 수 없다는 사실을 이해하기는 어렵지 않다. 여성이 남성에 비해 차별받는다고 해도, 외국인 남성에 비해 한국인 여성이 차별받는다고 말하기 어렵다. 이 한국인 여성이 장애인이거나 외국인 남성이 경제적으로 부유하다거나 하는 다른 축이 더해지면 차별의 정도는 더 가려내기 어려워진다.

어렵고 복잡하다. 하지만 이 다중성을 생각해야 비로소 내가 차별을 받기도 하지만 차별을 할 수도 있음을 발견하게 된다. 여성으로서 차별을 받는다고 해서 모든 측면에서 약자인 것은 아니다. 사회경제적인 불평등으로 생활이 어렵다고 해서 항상 약자의 위치에 있는 것은 아니다. 누군가는 여러가지 이유로 중첩된 차별을 겪고 있고, 그래서 차별받는 집단 속에서 더 차별을 받기도 한다. 차별은 두 집단을 비교하는 이분법으로 보이지만, 그 이분법을 여러 차원에서 중첩시켜 입체적으로 보아야 차별의 현실을 조금 더 이해할 수 있다.

제주도 예멘 난민을 배척하는 이유는 성범죄에 관한 것만이 아니었다. "무슬림은 테러리스트이다" "살인을 밥 먹듯 한다" "난민을 지원하는 세금이 아깝다" "난민이 아니라 돈 벌러 온 것이다" 등의 이야기들이 무성했다. 예멘 난민을 자국민을 위협하거나 경쟁하는 사람들로 생각하면서 집단적 적개심이 거침없이 표출되었다. 난민인정제도를 폐지하자는 청와대 국민청원 게시물에 71만 4,875명이 동의 서명을 했는데 이는 당시 최고기록이었다.[29] 예멘인에 대한 공포를 조장하는 말들이 허위임을 알리는 팩트체크 기사도 별 소용이 없었다. 이미 사람들은 고정관념을 내재화했고 생각은 잘 바뀌지 않게 되었다.

동시에 사람들은 자신이 인종주의자가 아니며 자신의 의견은 혐오나 차별이 아니라고 항변했다. 2018년 8월에는 유엔 인종차별철폐협약 한국정부에 대한 심의를 앞두고 시민사회에서 개최한 토론회가 있었다. 『연합뉴스』에서 이 행사를 보도하며 제주도 예멘 난민 현안을 비롯한 난민신청 절차 일반의 문제점에 관한 내용을 기사로 소개했다. 7,000여개의 댓글이 달렸다.[30] 주로 난민 반대 의견이었는데 그중에 이런 내용이 포함되어 있었다.

"정말 너무도 화가 나네요. 이젠 국민들을 인종차별주의자로 만드네?"

"애 둘 키우는 일반 시민입니다! 혐오자 극우파 아닙니다!"

우리는 어떤 사람을 '차별주의자'라고 생각하고 있는 것일까?

고정관념은 무언가 '잘못한' 사람에 대해서도 존재한다. 범죄자를 생각할 때 사람들은 영화에서 본 극단적인 악인을 상상한다. 실제로 범죄가 발생했을 때 가해자를 보고 "그럴 사람이 아닌데"라고 반응하는 것은 자신이 범죄자에 대한 과장된 고정관념을 가지고 있다는 방증이다. 차별도 마찬가지다. 백인우월주의 단체인 KKK와 같이 살인과 방화를 저지르는 악랄하고 기괴한 모습을 생각하고 있다면, 자신은 절대 그런 사람이 아니라고 생각할 것이다.

하지만 차별은 생각보다 흔하고 일상적이다. 고정관념을 갖기도, 다른 집단에 적대감을 갖기도 너무 쉽다. 내가 차별하지 않을 가능성은, 사실 거의 없다.

3장
새는 새장을 보지 못한다

딱지와 얼룩

한 인터넷 커뮤니티에 질문이 올라왔다.

"○○대 지방 캠퍼스 인식이 어떤가요?"

조심스럽게 댓글이 시작됐다.

"재학생들에게 민감할 수 있으므로 여기에 쓰기는 좀 그렇습니다."

주저하듯 시작된 대화는 이어 조금씩 솔직해진다.

"솔직히 말해 별로 안 좋습니다. 수모는 더이상 말 안 하겠습니다."

"분캠(분교 캠퍼스)은 평생 그 딱지 떨어지지 않습니다. 안고 가실 자신 있으시면 가셔도 됩니다."

이어 본교 캠퍼스에 다닌다는 한 학생이 말한다.

"분교에 대해서는 관심도 없고 학생들이 관심이 있어도 대체로 적대적입니다."

점점 더 속내를 꺼내며 대화가 오가더니, 역시 본교 캠퍼스에 다닌다는 다른 학생이 이렇게 대답한다.

"분캠은 같은 학교라고 생각 안 합니다. 솔직히 본교생 입장에선 짜증나요. '혹시 캠퍼스?'라고 물어보거든요. 분교의 존재 때문에 본교에 얼룩이 진다고 생각한다면 너무 나간 걸까요?"

이 대답 아래에 이렇게 댓글이 달린다.

"분캠 졸업생입니다. 얼룩 묻게 해서 참 죄송하네요. 하하."

아마도 입시에 대한 고민에서 출발한 것 같은 조심스러운 질문은 "딱지"와 "얼룩"으로 적나라하게 끝난 듯 보였다. 분캠에 대한 부정적인 말들이 오가는 이 게시글에서 자신이 분교 출신이라고 밝힌 한 사람은 이렇게 조언을 한다.

"대내외적으로 분교에 대한 인식 차이가 있는 건 스스로 감수해야 할 부분이죠. 공부 잘했으면 당연히 본캠(본교 캠퍼스) 갔을 테니까. 전 이중으로 본캠에서도 다녀보고 나름 재밌게 잘 다닌 것 같아요."

그는 분교생에 대한 불쾌한 시선이 있더라도 본인이 감수해야 한다고 했다. 본교를 갈 기회는 누구에게나 있었고, 그 기회를 쟁취하는 데 실패한 사람은 결과에 승복해야 하기 때문이다.

비슷한 대화를 학생들과 나눈 적이 있다. 대학 캠퍼스 간 갈등에 대한 토론에서 학생들은 지방대학이라는 이유로 모욕적인 말을 하는 건 문제가 있다고 목소리를 높였다. 하지만 본교생이 분교생을 배척하는 것 자체는 "그럴 수 있다"며 이해했다.

"힘들게 공부해서 그 학교에 들어갔는데 똑같을 수는 없죠."

이런 대화는 매우 불편하다. 대학서열화라는, 모두가 알지만 꺼내어 말하기 어려운 일종의 금기를 다루고 있기 때문이다. 아무리 조심해서 말해도, 마음을 드러내어 솔직하게 말하는 순간 상처를 입는 사람이 있다. 그런데 어느 쪽이든 이 질서를 바꿀 생각은 별로 없는 것처럼 보인다. 그냥 "감수하라"고 말한다. 왜일까?

생각이 현실이 된다

좀더 근본적으로 따져보자. 소위 명문대학이 인기 있는 이유는 무엇일까? 명문대학이 교육의 질이 더 우수하기 때문일까? 그러니까 내가 더 우수한 인재가 될 수 있는 기회가 있기 때문에 명문대학을 선호하는가? 아니면 그 대학이 가진 '간판' 때문인가? 다시 말해 특별히 내가 무엇을 하지 않더라도 그 대학을 다닌다는 사실만으로도 이득을 보기 때문인가? 물론 둘 중 어느 하나로 잘라 말할 수 없다. 다만 앞에서 본 본교와 분교 사이의 긴장은 교육의 질에 관한 격론은 아닌 듯하다. 그보다는 '간판'을 둘러싼 문제처럼 보인다. '간판'이 도대체 뭐기에 그럴까?

사람들은 특정 대학에 대한 이미지를 가지고 있다. 머릿속 그림, 즉 고정관념이다. 이 고정관념은 대학에 관한 구체적인 정보에 근거해서 형성된 이미지가 아닌 경우가 많다. 직접 각 대학을 방문하고 비교분석해서 대학의 특징이나 우수성을 파악하기는 쉽지 않으니 말이다. 그런데도 사람들은 이미지만 가지고 그 대학을 안다고 생각한다. 사실 대부분의 사람들이 대학입시를 준비하며 배치표를 통해 대학 이름을 처음 접한다. 그리고 성적에 따라 지원 가능한 학교와 학과를 순서대로 나열한 이 배치표의 순서를 통해 대학의 서열을 익힌다.

한국사회에서 대학입시가 그렇게 중요한 이유는 대학이 취업, 결혼 등 인생 전반에 영향을 미치기 때문이다. 이왕이면 높은 서열의 대학에 가는 것이 유리하다. 연구 결과를 보면, 실제로 출신 대학에 따라 대학을 졸업한 후의 임금과 삶의 만족도에 차이가 있다. 대체로 명문대학을 졸업한 사람이 돈을 더 많이 버는 "임금 프리미엄"이 존재한다.[1] 상위권 대학을 졸업한 사람이 미래에 생활 전반의 만족도도 더 높아서, "행복은 성적순이 맞다"는 연구 결과가 나오기도 했다.[2]

학벌에 따라 인생의 먼 미래까지 결정되는 과잉 예견현상은 단순히 개인의 능력이나 노력만으로 설명되지 않는다. 인생의 특정

시점에 이루어진 특정한 방식의 시험이 사람들의 수십년 후의 미래까지 예측 가능하게 하는 놀랍도록 정확한 지표라는 걸 믿기는 쉽지 않다. 물론 대학의 교육의 질이나 인맥, 기회 등 대학 자체가 주는 효과들이 있을 것이다. 그중에는 많은 사람들이 경험적으로 알고 있듯이, 대학 '간판'의 중요성을 간과할 수 없다. 사실은 그 '간판'이 실제로 개인의 능력도 만들고 기회도 만든다. 어떻게 그렇게 된다는 말인지 생각해보자.

고정관념은 부정적인 영향도 미치지만 긍정적으로 작용하기도 한다. 소위 명문대학을 다니거나 졸업한 사람들은 단지 그 대학 출신이라는 사실만으로도 '똑똑하고 능력 있는 사람'이라는 긍정적인 고정관념을 얻는다. 일종의 유리한 편견인데, 이것이 실제로 현실을 만든다. 일상적인 만남이나 각종 사회활동에서 많은 사람들이 이들에게 호의적으로 다가가고 활동의 기회를 제공하기 때문이다. 명문대학의 학생은 그들에게 주어지는 다양한 기회를 통해 성장하고 능력을 발휘할 수 있다. 이런 순환 고리 속에서 편견이 현실이 되고 현실이 다시 고정관념을 강화한다.

상대적으로 지방대생, 대학에 가지 않은 사람은 부정적인 고정관념을 얻는다. 유리한 편견이 이익이 되듯이 불리한 편견은 불이익을 초래한다. 소위 명문대학에 진학하지 못한 학생들은 상대적으로 '덜 우수하고, 덜 성실하고, 노력이 부족하며, 일을 잘 못할 것 같다'는 기대를 받는다. 그리고 안타깝게도 이 기대가 현실이 되곤 한다. 사회가 이런 편견을 바탕으로 어떤 학생들에게 상대적으로 활동의 기회를 덜 부여하고 같은 성과에 대해 저평가하면서 개인이 성장하고 발전하기 어렵게 만들기 때문이다.

집단에 대한 고정관념은 외부의 시선에서 시작되지만, 그 구성원들이 자기 자신을 바라보는 내면의 시선이 되기도 한다. 사람들은 집단에 소속감을 가지면서 그 집단을 자신의 정체성의 일부로 받아들인다. **사회적 정체성**social identity을 형성하는 것이다.[3] 이때 그 집단과 자신을 동일시하기 때문에, 집단에 대한 고정관념은 곧 자기 자신에 대한 고정관념으로 흡수되고 이 고정관념이 행동에 영향을 미친다. 어떤 고정관념을 내면화하느냐에 따라 본인의 역량이 높아지기도 하고 낮아지기도 한다.

어빙 고프먼Erving Goffman은 부정적인 고정관념인 **낙인**stigma이 내면화되는 현상에 주목한다.[4] 사람들은 타인의 시선으로 자신의 가치를 평가한 결과, 사회가 부여한 낙인을 자신 안에 내면화하고, 스스로를 부끄럽고 수치스럽게 여긴다는 것이다.[5] 그 결과는 개인적인 수준에 머무르지 않는다. 굳이 타인들이 노골적으로 차별하지 않아도 본인들이 소극적으로 행동하면서 사회적으로 자연스럽게 차별적인 구조가 유지된다. 차별을 받는 걸 알면서도 스스로 부족하고 열등하기 때문이라고 생각해서 저항을 하지도 않는다.

실제로 자신을 향한 부정적 시선을 의식하는 것만으로 수행능력이 떨어질 수 있다. 미국의 한 실험에서는 수학시험 점수가 같은 남성과 여성 참가자들에게 똑같은 수학문제를 풀게 했다.[6] 이미 수학능력의 수준이 같은 참가자들을 모집한 것이므로 남성과 여성 사이에 차이가 있을 이유가 없었다. 그런데 시험 직전, 연구자의 한마디로 차이가 생겼다.

"이 연구는 성별에 따른 수학능력의 차이를 보려는 것입니다."

이 한마디에 여성들의 마음에는 변화가 생겼다. "여성은 수학을 못한다"라는 통념을 이겨내야 한다는 부담이 생겼고, 이 부담이 수행을 방해했다.

고약한 악순환의 고리이다. 부정적 고정관념을 자극하면, 부정적 고정관념을 이겨내야 한다는 부담이 생기고, 부담 때문에 수행능력이 낮아져서, 결국 고정관념대로 부정적인 결과가 나온다. 이런 압박 상황을 **고정관념 압박**stereotype threat 이라고 한다.[7] 반면 부정적 고정관념이 없는 집단의 수행능력은 상대적으로 향상된다. 부정적 고정관념이 없는 상태에서는 자기의심과 불안이 적기 때문에 지적 능력에 방해를 받지 않기 때문이다.[8] 부정적 고정관념이 없으므로 의심보다는 존중받는다고 느끼며, 실패해서 지위가 강등되거나 거부당할까봐 두려워하지 않아도 된다.[9]

자신에게 부착된 고정관념이 어떻게 작용하는지는 일상의 경험을 조금만 돌아보아도 쉽게 알 수 있다. 예컨대 운동을 해본 사람이라면 코치의 태도가 선수에게 얼마나 큰 영향을 미치는지 알 것이다. "여자치고 잘하네?"라는 말은 얼핏 칭찬 같지만, 여성은 운동을 못한다는 부정적 고정관념을 자극한다. 이런 코치의 지도하에 꾸준히 운동을 하면서 잘하게 되기는 쉽지 않다. "지방대생치고 잘하네?"라는 말도 마찬가지다. 지방대생에 관한 부정적 고정관념을 자극하며 압박을 줌으로써, 결과적으로 수행능력을 떨어뜨리기 쉽다. 원하지 않는 자기예언이 실현되는 순간이다.

물론 사람들이 항상 고정관념에 끌려다니기만 하는 것은 아니다. 어떤 사람들은 오히려 반대로 사회에 퍼져 있는 고정관념을 주의 깊게 탐색하고 이에 적극적으로 대응한다. 대학 간판이나 직장 간판 등 '있어 보이는' 것들을 위한 경쟁이 과열되는 상황은, 사회적 편견을 매우 잘 알고 있기 때문에 벌어지는 일일 것이다. 사회에 편견과 차별이 있다는 것을 잘 알고 있을 때, 우리가 어떻게 행동하는지 좀더 생각해보자.

차별을 '선택'하는 사람들

내가 소속된 대학교의 원주 캠퍼스에는 보건복지대학과 과학기술대학이 있다. 대부분 쉽게 짐작할 수 있듯이, 두 대학의 성별 구성은 판이하게 다르다. 2017년 기준으로 보건복지대학(다문화학과, 사회복지학과, 유아교육과, 간호학과가 있다)에 여학생은 80.3퍼센트, 남학생은 19.7퍼센트였다. 반면 과학기술대학(기계자동차공학부, 멀티미디

어공학과, 산업경영공학과, 컴퓨터공학과 등이 있다)에는 남학생이 89.5퍼센트, 여학생이 10.5퍼센트였다. 여성과 남성의 비율이 8:2와 1:9에 이르는 극명한 차이다.

비단 내가 있는 대학만의 현상은 아니다. 2018년 교육통계자료에 의하면, 전체 대학생 가운데 여학생의 비율은 44.4퍼센트로 여성의 숫자가 더 적기는 하지만 그래도 절반에 가깝다. 하지만 학과별로 보면 상황은 매우 다르다. 전공계열별로 전국 대학의 학생 성비를 보면, 유아교육, 교육일반, 간호 분야의 여성 비율이 80퍼센트를 넘는다. 반면 기계·금속, 전기·전자, 교통·운송, 토목·도시 분야의 여성 비율은 20퍼센트가 안 된다(표2).

표2. 전공계열별 여학생 비율

여학생이 많은 전공계열	여학생이 적은 전공계열
유아교육(96.4%)	기계·금속(7.7%)
교육일반(82.4%)	전기·전자(12.5%)
간호(81.2%)	교통·운송(13.5%)
미술·조형(77.0%)	토목·도시(15.8%)
초등교육(70.7%)	컴퓨터·통신(21.8%)
특수교육학(68.2%)	산업(23.4%)

주) 한국교육개발원 교육통계서비스(https://kess.kedi.re.kr)에서 제공하는 '학과계열별 재적 학생 수' 자료를 분석한 내용임(조사 기준일: 2018년 4월 1일). 괄호 속 비율은 총 재적 학생 중 여학생의 비율.

왜 이런 차이가 나타나는 걸까? 여성이 수학·과학을 못하기 때문에 이공계열에 진학하지 못한 결과라고 단정하기는 어렵다. 오히려 2018학년도 대학수학능력시험 결과를 보면 국어, 수학 '가'형, 수학 '나'형에서 모두 여학생의 표준점수 평균이 높았다.[10] 2017학년도에는 국어, 영어, 수학 '나'형에서 여학생의 표준점수 평균이 높고, 수학 '가'형에서는 남학생과 여학생이 동일했다.[11] 두 해 모두 수학 '가'형에서 1·2등급의 비율이 남학생이 더 높기는 하지만 8·9등급의 비율은 여학생이 낮았다.

차이가 있다면, 많은 여학생들이 대학수학능력시험에서 이공계열 진학에 필요한 수학 '가'형에 아예 응시하지 않는다는 것이다. 한국교육과정평가원 자료에 의하면, 2018학년도 수학 '가'형에 응시한 여학생은 34.4퍼센트고 남학생이 65.6퍼센트였다.[12] 성적이 부족해서 미리 포기했을 수도 있지만, 애초에 입시를 준비할 때부터 이공계열에 진학하지 않는 쪽을 선택하고 있는 것으로 보인다.

성별과 전공의 관계를 어떻게 봐야 할까? 산술적으로 8:2와 1:9라는 비율은 분명 수상하다. 이건 차별일까? 학생들과 이런 이야기를 나누었을 때 대다수가 차별이라고 생각하지 않았다. 누구의 강요가 아닌 자발적인 선택의 결과이기 때문이다. 내가 원하는 걸 누군가 성별을 이유로 못하게 한다면 차별이지만, 스스로 선택한 전공에 어떤 성별이 더 많은 건 딱히 문제가 있다고 말하기 어렵다. 정말 그럴까?

여성의 입장에서 왜 특정 전공에 몰리는 '선택'을 하는지 생각해
보자. 우선 흥미나 적성이 그 이유일 것이다. 여성이 사람을 돌보고
가르치는 일에 더 소질이 있고 보람을 느끼는 성향이 있다면, 교육
이나 간호 분야에 몰리는 현상이 어느 정도 이해가 된다. 하지만
실제로 여성에게 이런 성향이 있다 하더라도 그 배경에는 사회문
화적인 영향이 크게 작용한다. 여러 나라를 비교해보면, 성별 고정
관념에 따라 진로 선택에 차이가 있음을 알 수 있다.

2008년 『사이언스』^{Science}에 발표된 논문 「문화, 젠더, 수학」은,
OECD에 속한 40개 국가의 성차별 수준과 15세 학생들의 수학 성
적을 비교 분석했다.[13] 그 결과 성차별적 문화가 강한 국가에서 여
학생의 수학 성적이 더 낮았다. 쉘리 코렐$^{Shelley\ J.\ Correll}$은 그의 논문
「젠더와 직업 선택 과정: 편향된 자기평가의 작용」$^{Gender\ and\ the\ Career}$
$^{Choice\ Process:\ The\ Role\ of\ Biased\ Self-Assessments}$에서, 여성이 수학에 소질이 없
다는 문화적 고정관념을 받아들여 자신의 능력을 저평가하고 수학
관련 진로 선택을 피하는 경향이 있다고 설명한다.[14]

여성이 특정 전공에 몰리는 다른 이유는 취업 전망에서 찾아볼 수
있다. 한국고용정보원의 「2016년 대졸자직업이동경로조사」에 따르
면, 대학을 졸업한 여성이 많이 진출하는 분야는 '사회복지 및 종교'
와 '보건의료' 관련직으로 여성 비율이 각각 76.5퍼센트와 73.3퍼센
트였다. 문화·예술·디자인·방송 분야는 63.9퍼센트, 교육 및 자연
과학·사회과학 연구 분야는 69.0퍼센트로 역시 여성 비율이 높다.

표3. 대학 졸업자의 직종별 평균임금, 여성의 비율 및 임금 비율

	평균임금 (단위: 만원)	여성의 비율 (단위: %)	남성 대비 여성의 평균임금 비율 (단위: %)
금융·보험 관련직	272.20	46.5	80.0
법률·경찰·소방·교도 관련직	253.66	35.2	81.5
기계 관련직	251.98	5.3	107.4
전기·전자 관련직	234.56	12.0	107.3
운전 및 운송 관련직	226.85	5.8	74.9
건설 관련직	224.63	22.5	80.1
정보통신 관련직	222.70	23.2	93.4
화학 관련직	216.55	26.2	73.8
보건·의료 관련직	213.96	73.3	85.5
환경·인쇄·목재·가구·공예 및 생산단순직	204.10	28.2	91.6
영업 및 판매 관련직	203.00	35.3	70.6
경영·회계·사무 관련직	201.96	54.1	78.6
재료 관련직	200.78	6.7	65.1
미용·숙박·여행·오락 스포츠 관련직	189.69	50.6	76.6
군인	185.18	9.3	87.3
문화·예술·디자인·방송 관련직	177.78	63.9	86.0
교육 및 자연과학·사회과학 연구 관련직	171.40	69.0	95.5
사회복지 및 종교 관련직	165.86	76.5	92.0
음식서비스 관련직	138.75	55.1	76.6

주) 한국고용정보원(http://www.keis.or.kr/)에서 제공하는 「2016년 대졸자직업이동경
로조사」 자료를 분석한 결과로, 이 자료는 2015년도 졸업생을 대상으로 조사·수집
한 것임. 위 표에서는 해당 직종의 표본수가 100 미만인 경비 및 청소 관련직, 식품
가공 관련직, 농림어업 관련직, 섬유 및 의복 관련직, 관리직을 제외하고 소개함.

여성의 비율이 기계 분야 5.3퍼센트, 재료 분야 6.7퍼센트, 전기전자 분야 12.0퍼센트 등인 것에 비하면 훨씬 기회가 많아 보인다.

그런데 안타깝게도 여성이 다수인 직종의 임금수준이 전반적으로 낮다. 표3은 같은 시기에 대학을 졸업한 사람들의 취업 결과인데 성별에 따라 임금수준이 다르다. 여성이 절반을 넘는 직종의 평균임금은 대체로 200만원에 미치지 못하는데, 남성이 절반을 넘는 직종의 평균임금은 대체로 200만원이 넘는다. 같은 직종에서도 남성에 비해 여성의 임금이 대체로 낮은데, 남성과 여성이 서로 다른 직종에 취업하면서 여성의 임금이 더욱 낮아지고 있다.[15]

한국의 성별임금격차는 실제로 심각한 수준이다. OECD 자료에 따르면, 한국 여성의 임금이 남성에 비해 34.6퍼센트 적어, OECD 국가 중에 그 격차가 가장 크다.[16] 교육수준을 고려해도 차이는 여전하다. 교육수준이 낮은 경우에 성별임금격차가 더욱 크지만, 대학 졸업 이상인 사람으로 한정해서 보아도 동등한 교육수준을 가진 남성에 비해 여성의 임금이 28퍼센트 적었다.[17]

그러니 성별에 따라 달라지는 전공과 진로의 '선택'이 과연 사회적 차별과 무관할 수 있을까? 여성으로서 어떤 전공이 취업에 유리할지, 결혼을 하고 자녀를 양육하게 되어도 일을 계속하기 위해서는 어떤 직업이 좋을지 등의 선택은 이미 노동시장과 사회 전반의 차별을 전제로 이루어진다. 여성뿐만이 아니다. 장애인, 성소수자, 이주민 등 이미 자신이 가지고 있는 불리한 조건을 인식하는 사람들은 그 조건에 맞추어 행동한다.

그리고 아이러니하게도 그 결과는 차별적인 상태를 계속 유지하는 방향으로 작동한다. 직업시장이 성별에 따라 분리되면 여성에게 이로워 보이기도 하지만, 상대적으로 임금이 낮아지는 현상은 계속된다. 노동의 가치에 대한 평가는 사회 전반의 성차별 의식 그리고 정치적 영향력과 무관하지 않다. 여성이 많은 직업은 여성이 많다는 바로 그 이유 때문에 노동의 가치를 충분히 인정받지 못하는 경향이 있다.[18]

이는 '동일노동 동일임금'의 원칙으로도 해결되지 않는 현상이다.[19] 여성이 남성과 같은 일을 하면서 남성보다 적은 임금을 받는 상황은 직관적으로도 부당한 차별로 여겨진다. 하지만 여성이 애초에 임금이 낮은 직종에 진출하는 상황은 다르다. 어떤 면에서 여성이 자신들에게 불리한 노동시장으로 자발적으로 진입한 셈이 되었으니, 여성이 스스로 책임져야 할 문제라고 말하는 사람도 있을 것이다.

구조적 차별systemic discrimination[20]은 이렇게 차별을 차별이 아닌 것처럼 보이게 만든다. 이미 차별이 사회적으로 만연하고 오랫동안 지속되고 있어서 충분히 예측 가능할 때, 누군가 의도하지 않아도 각자의 역할을 함으로써 차별이 이루어지는 상황이 생긴다. 차별로 인해 이익을 얻는 사람뿐만이 아니라 불이익을 얻는 사람 역시 질서 정연하게 행동함으로써 스스로 불평등한 구조의 일부가 되어간다.

우리는 때로 의식적으로 사회적 편견에 맞추기 위해 노력하기도 한다. 평소에 청바지를 입고 운동화를 신는 사람이 정장을 갖춰 입고 구두를 신을 때가 있다. 대표적으로 취업 면접을 갈 때이다. 나의 스타일이 아닌, 상대가 원하는 스타일에 맞춘다. 내가 목표로 하는 직장에서 원하는 직원의 상像을 분석해서 그 이미지에 부합하려고 노력한다. 상대의 편견에 맞추려는 철저히 의도적이고 이성적인 행동이다.

인생에서 중요한 일일수록 그 선택은 사회적 편견에서 자유롭지 않다. 아니, 최대한 안전한 결과를 얻기 위해 가장 보수적인 선택을 하기 마련이다. 켄지 요시노는 그의 책 『커버링』Covering에서, '손상된' 정체성을 가지고 살아가는 사람들이 자신의 낙인이 두드러지게 보이지 않도록 최대한 자신을 포장하는 모습에 주목한다.[21] '커버링'이라는 말을 통해 그는, 소수자로서 완전한 주류가 되지 못하면서도 동화주의적으로 순응하도록 요구받는 삶의 압박을 이야기한다.

차별이 없는 상태에서도 사람들은 지금과 같은 선택을 할까? 고정관념과 편견이 없는 사회에서 자랐어도 우리의 관심과 적성이 정말 현재와 같았을까?

새는 새장을 보지 못한다

1947년 케네스 클라크^{Kenneth Clark}와 메이미 클라크^{Mamie Clark}의 인형 실험^{Dolls test}은 편견이 아주 어린 시절부터 내면화되는 효과를 안타까울 정도로 생생하게 보여준다.[22] 이 실험에서 실험자는 3세부터 7세의 흑인 아동들 앞에 백인 인형 2개와 유색인(갈색) 인형 2개를 번갈아 놓았다. 그리고 다음과 같은 일련의 질문을 하며 인형 중 하나를 고르라고 했다.

"가지고 놀고 싶은 인형은 어느 것인가요?"

"착한 인형은 어느 것인가요?"

"나빠 보이는 인형은 어느 것인가요?"

"예쁜 색의 인형은 어느 것인가요?"

흑인 아동들 대다수가 백인 인형을 선호했다. 흑인 아동의 67퍼센트가 백인 인형을 가지고 놀고 싶다고 했다. 59퍼센트가 백인 인형을 착한 인형이라고 골랐으며, 60퍼센트가 백인 인형의 색깔이 예쁘다고 했다. 반면, 흑인 아동의 59퍼센트가 유색인 인형을 나빠 보이는 인형이라고 골랐다. 백인 인형이 나빠 보인다는 아동은 17퍼센트이고, 나머지 24퍼센트는 무응답이거나 모르겠다고 답했다.

실험자는 마지막으로 질문했다.

"자기랑 닮은 인형은 어느 것인가요?"

이 질문에 몇몇 아동은 울음을 터뜨렸다. 스스로를 부정했다는 불편함과 딜레마가 감정적으로 표출된 상황이었다. 한 아동은 자신과 닮은 인형으로 유색인 인형을 고르며 이렇게 자기변명을 하기도 했다.

"제가 얼굴이 타서 엉망이 되었어요."

1954년 미국 연방대법원은 이 실험에 주목하여 중요한 판결을 내린다.[23] 세기의 판결이라고 하는 '브라운 대 토피카 교육위원회'Brown v. Board of Education of Topeka 사건에서 연방대법원은 흑인과 백인의 학교를 분리했던 정책을 철폐한다.[24] 그전까지 많은 사람들은 똑같은 시설, 똑같은 교과과정, 똑같은 질의 교사가 확보된다면 흑인 아동과 백인 아동을 분리해서 교육해도 평등하다고 생각했다. 흑인과 백인을 분리하는 것 자체는 차별이 아니라는 생각이었다.

인형 실험은 현실이 그렇지 않다는 사실을 보여주는 중요한 증거였다. 이미 분리 자체가 흑인 아동의 마음속에 열등감을 심어주고 있었고, 그 열등감 때문에 교육의 성취가 낮아질 수밖에 없었다. 다음의 연방대법원 판결문처럼, 분리된 학교 시설은 본질적으로 평등하지 않다.

공립학교에서 백인과 흑인 아동을 분리하는 것은 흑인 아동들에게 해로운 영향을 미친다. 인종에 따라 분리하는 정책은 대개 흑인 집단의 열등함을 의미하는 것으로 해석되기 때문에 법에 의해 그렇게 했을 때 영향은 더욱 크다. (…) 우리는 공교육에서

"분리하지만 평등"의 원칙이 받아들여질 수 없다고 결정한다. 분리된 학교 시설은 본질적으로 평등하지 않다.[25]

역으로 생각하면, 사람들 마음속의 내면화된 낙인과 열등감은 불평등한 구조를 감지하는 신호일 수 있다. 이 장의 서두에서 언급한 대학서열을 둘러싼 심리적 불편함은 어쩌면 우월감과 열등감 사이에 존재할지도 모르겠다. 교육이란 본래 모든 사람에게 성장의 기회를 주는 것이어야 하는데, 그 본질적인 기능이 왜곡되어 누군가에게는 우월감을, 누군가에게는 열등감을 심어주는 체제가 되었다. 대학서열이 공정한 경쟁의 결과라고 믿으며 이 모순을 애써 외면하기에는 "딱지"와 "얼룩"이 너무 크다.

메릴린 프라이Marilyn Frye는 억압의 상태를 새장에 비유한다.[26] 새장을 가까이에서 보면 철망이 한줄씩 보인다. 철망은 하나씩 보면 아무것도 아니다. 그 얇은 선 하나가 새의 비행을 방해할 수 있을 거라는 생각이 들지 않는다. 새장에서 뒤로 물러서서 바라보아야만 그 철망들이 모여 새장을 이루고 있으며 이 새장이 새를 가두고 있다는 사실을 알게 된다. 우리를 가두고 있는 새장도 뒤로 물러나야 볼 수 있다. "구조적으로 연결된 강압과 장벽의 네트워크"[27]가 우리의 날갯짓을 방해하고 있음을 말이다.

당신은 차별이 보이는가? 구조적 차별은 우리의 감각으로는 자연스러운 일상일 뿐이다. 그래서 인식하기 어렵다. 노예제 시대에는 노예를 자연스럽게 여겼고, 여성에게 투표권이 없는 시대에는 그것이 당연해 보였다.[28] 오즐렘 센소이$^{Özlem\ Sensoy}$와 로빈 디앤젤로 $^{Robin\ DiAngelo}$의 말을 빌리면, "우리의 시야는 제한적이고, 우리는 더 크고 서로 교차하는 패턴보다는 한가지 상황, 예외, 일회성 증거에 집중하게끔 사회화되었다."[29]

우리의 생각이 시야에 갇힌다. 억압받는 사람은 체계적으로 작동하는 사회구조를 보지 못하고 자신의 불행이 일시적이거나 우연한 문제라고 생각한다. 그래서 차별과 싸우기보다 "어쩔 수 없다"며 감수한다. 유리한 지위에 있다면 억압을 느낄 기회가 더 적고 시야는 더 제한된다. 차별이 있다고 말하는 사람을 이해하지 못하고, "예민하다" "불평이 많다" "특권을 누리려고 한다"며 상대에게 그 비난을 돌리곤 한다.[30]

그래서 의심이 필요하다. 세상은 정말 평등한가? 내 삶은 정말 차별과 상관없는가? 시야를 확장하기 위한 성찰은 모든 사람에게 필요하다. 내가 보지 못하는 무언가를 지적해주는 누군가가 있다면 내 시야가 미치지 못한 사각지대를 발견할 기회이다. 그 성찰의 시간이 없다면 우리는 그저 자연스러워 보이는 사회질서를 무의식적으로 따라가며 차별에 가담하게 될 것이다. 모든 일이 그러하듯 평등도 저절로 오지 않는다.

2부

차별은
어떻게 지워지는가

4장

웃자고 한 말에 죽자고 덤비는 이유

"인종으로 놀리는 게 웃겨?"

흑인 분장은 개그가 될 수 있을까?

한 개그맨이 TV 코미디 프로그램 「웃음을 찾는 사람들」(이하 '웃찾사')에서 흑인 분장으로 웃음을 유도했다가 여론의 비판을 받았다. 피부를 검게 칠하고 입술을 크게 그리고 곱슬머리 가발을 쓰고는 머리에 파를 붙이고 등장해 우스꽝스러운 춤을 췄다. 이 장면이 방영되자 시청자들은 '흑인 비하'라고 비판했고, 제작진은 공식 사과하며 영상을 삭제했다. 이 장면을 연출한 개그맨도 자신의 "사려 깊지 못했던 개그"에 대해 사과를 했다.

이 과정에서 문제가 더욱 크게 불거진 것은, 이 사건을 놓고 방송인들 사이에서 벌어진 설전 때문이었다. 방송인 A씨는 "인종을 놀리는 게 웃겨?"라며 페이스북을 통해 공개 비판을 했다. 이에 방송인 B씨는 "단순히 분장한 모습을 흑인 비하로 몰아가는 것은 성급한 일반화의 오류"라고 응수했다. 이어지는 방송인 B씨의 응답을 보자.

단순히 분장한 모습을 흑인 비하로 몰아가는 형의 이 성급한 일반화의 오류는 어떻게 해석이 되냐면 영구, 맹구라는 캐릭터는 자폐아들에 대한 비하로 해석될 수 있고, 예전에 한국에 시커먼스라는 오랫동안 사랑받았던 개그란 것도 있었어. 그럼 그것도 흑인 비하인 건가?

이 글을 통해 영구, 맹구, 시커먼스라는 오래된 개그 소재들이 소환되면서 사실 그동안 얼마나 많은 프로그램들이 개그와 비하 사이를 오가고 있었는지 돌아보게 만들었다. 뉘앙스는 다르지만 중요한 질문이었다. 아직까지도 종종 회자되는 영구, 맹구라는 소위 '바보' 캐릭터는 장애인에 대한 비하일까? 1980년대에 흑인 분장을 하고 나와 춤과 음악을 공연하던 시커먼스는 흑인 비하일까? 시커먼스는 당시 KBS의 대표적인 코미디 프로그램인 「쇼비디오자키」의 인기 코너였고, 그 인기로 음반이 발매되기도 했다. 그때와 지금은 무엇이 달라졌는가?

그로부터 약 30년이 지난 오늘날 중요한 변화의 하나는, 그런 개그가 "웃기지 않다"고 말하는 사람들이 나타났다는 것이다. 생각해보면 나도 어린 시절에 영구, 맹구, 시커먼스 연기를 보며 깔깔거리고 웃었다. 학교에는 그 연기를 너무나 잘 흉내내어 인기몰이를 하던 친구들도 있었다. 하지만 나는 이제 더이상 그런 개그가 웃기지 않다. 그렇다고 이에 대한 불편함을 표시하기도 쉽지 않다. 잘못하면 그냥 웃고 넘길 일을 지나치게 예민하게 받아들여 확대해석한다는 말을 들을 수도 있다.

흑인 분장의 논란은 "도대체 왜 웃긴가?"라는 상당히 심오하고 철학적인 질문을 던져준다. 그리고 그 웃음을 차별로 연결시키는 것은 과연 얼마나 "성급한 일반화의 오류"이며 '확대해석'인지에 대해서도 생각하게 만든다. 웃자고 한 말을 우리는 가볍게 웃어 넘겨야 할까? 아니면 정말 죽자고 달려들어야 할까?

당신이 웃는 이유

'웃찾사'의 개그가 논란이 되면서, 흑인 분장을 소재로 삼은 코미디물의 역사도 함께 부각이 되었다. **블랙페이스**blackface란 흑인 분장을 하고 노래와 춤을 추는 극장 공연 형식을 말한다. 배우들은 피부를 검게 칠하고, 입술을 과장되게 그리며, 곱슬머리 가발을 쓰고, 해진 옷을 입는다. "짐 크로"Jim Crow는 19세기 미국에서 이런 흑인 분장을 하고 춤을 추는 공연으로 유명했던 캐릭터의 이름이었다. 19세기 후반부터 20세기 중반까지 미국에서 흑인과 백인의 분리정책을 채택한 법들을 통칭하는 '짐 크로 법'Jim Crow laws이란 말은 이 블랙페이스 캐릭터에서 유래했다.[1]

미국에서 블랙페이스 이미지는 한동안 동화, 만화, 장난감, 각종 상품 등에 사용되며 흑인의 전형으로 고착되었다.[2] 그러다가 1950년대 민권운동이 활발해지면서 블랙페이스를 이용한 공연과 이미지를 모두 거부하는 캠페인이 전개되었다.[3] 블랙페이스가 흑인에 대한 비하이며 인종차별이라는 비난과 함께, 노골적인 블랙페이스 사용은 미국 사회에서 금기시되었다.[4] '웃찾사'에 사용된 분장은 블랙페이스의 분장기법과 일치한다. 오래전 정형화된 흑인 이미지를 차용했고, 그 시대착오적인 이미지를 2017년 한국에서 웃음의 기법으로 활용했다.

똑같은 분장이 언제 어떻게 쓰이느냐에 따라 웃기기도 하고 그렇지 않기도 하다. 한가지 사실은 분명해진다. 유머가 사회적 맥락에 따라 달라진다는 점이다. 우리는 무엇을 유머로 받아들이는가? 우리는 어떤 내용을 보고 즐거워하는가?

플라톤이나 아리스토텔레스 등 고대 그리스 철학자들은 사람들이 다른 사람의 약함, 불행, 부족함, 서툶을 볼 때 즐거워한다고 했다.[5] 웃음은 그들에 대한 일종의 조롱의 표현이라고 생각했다. 이런 관점을 **우월성 이론**superiority theory이라고 한다.[6] 토머스 홉스Thomas

Hobbes는 사람들이 다른 사람과 비교해서 자신이 더 낫다고 생각할 때 자존감이 높아지면서 기분이 좋아져 웃음이 나온다고 설명한다.[7] 누군가를 비하하는 유머가 재미있는 이유는 그 대상보다 자신이 우월해지는 기분이 들기 때문이다.

우월성 이론에 따르면 자신의 위치에 따라 같은 장면이 웃기기도 하고 그렇지 않기도 하다. 내가 우월해지는 장면이라면 웃기지만, 반대로 내가 깎아내려진다면 웃기지 않다. 돌프 질만Dolf Zillmann과 조앤 캔터Joanne Cantor의 1972년 실험은 같은 장면을 보고 전문가와 대학생이 어떻게 달리 반응하는지 보여준다.[8] 참가자들은 상급자-하급자 관계(부모-자녀, 교사-학생, 고용주-피고용인 등)에서 서로 상대방을 깎아내리는 대화 장면을 만화로 보았다. 실험 결과, 사회적 지위가 상대적으로 높은 전문가들은 상급자가 하급자를 깎아내리는 장면을 더 재미있어한 반면, 사회적 지위가 상대적으로 낮은 대학생들은 반대로 하급자가 상급자를 깎아내리는 장면을 더 재미있어했다.

집단 간의 관계에서도 마찬가지의 현상이 나타난다. 사람들은 자신이 동일시하는 집단을 우월하게 느끼게 하는 농담, 달리 말하면 자신이 동일시하지 않는 집단을 깎아내리는 농담을 즐긴다. 만일 상대 집단에 감정이입이 일어나면 그 농담은 더이상 재미있지 않다. 상대를 나와 관계없는 사람, 별로 중요하지 않은 사람이라고 여겨야 농담을 즐길 수 있다. 상대 집단에 대해 부정적인 편견을 가지고 있다면 어떤가? 자신과 결코 동일시하지 않는, 거리를 두고자 하는 집단에 대한 비하는 내가 속한 집단의 우월성을 확인하는 즐거운 일이 된다.

　물론 이 유머 뒤에 숨어 있는 어두운 마음을 인정하기는 쉽지 않다. 설령 인정하더라도 감추고 싶은 부분일 것이다. 모든 유머가 우월성 이론으로 설명되는 것도 아니다. 그럼에도 불구하고 어떤 웃음은 이 부끄러운 내면에서 나온다는 사실을 부인할 수도 없다. 어떤 집단을 희화하는 유머는 이런 집단 심리 속에서 만들어진다. 그래서 "왜 웃긴가?"라는 질문은 "누가 웃는가?"라는 질문으로 치환된다. 흑인 분장을 보고 웃는 사람은 어떤 집단과 동일시하는 사람들인가? 웃지 않는 사람들은 어떤 위치에 있는 사람들인가?

　토머스 포드Thomas Ford와 동료들은 비하성 유머가 마음속 편견을 봉인해제시킨다고 설명한다.[9] 사람들은 어떤 집단을 부정적으로 생각하는 편견을 가지고 있더라도 보통의 상황에서는 사회규범 때문에 드러내지 못한다. 하지만 누군가 비하성 유머를 던질 때 차별을 가볍게 여겨도 된다는 분위기가 조성된다. 그 결과 규범이 느슨해지고, 사람들은 편견을 쉽게 드러내면서 차별을 용인하거나 그런 행동을 하게 된다. 이런 설명을 **편견규범이론**prejudiced norm theory이라 부른다.[10]

　유머가 금기된 영역의 빗장을 순간적으로 풀어내는 효과가 있다는 뜻이다. 일탈적인 행위가 유머를 통해 놀이 또는 장난이라는 이름으로 허용된다. 가벼운 대화일 뿐이므로 너무 진지하게 받아들이는 것이 오히려 부적절하게 여겨진다. 이렇게 금기된 영역을 넘나들기 때문에 권력에 도전하는 풍자가 가능하고, 사회는 그 가치를 인정한다.[11] 하지만 그 금기의 빗장이 약자를 향해 풀렸을 때 잔혹한 놀이가 시작된다.

최근 한국사회를 뜨겁게 달군 키워드인 혐오표현hate speech은 약자들을 향한 언어유희의 현상으로 대표된다. 주로 인터넷 커뮤니티와 포털사이트의 댓글을 통해 특정 집단을 향한 비하성 언어들이 만들어지고 유통되었다. "똥남아"(동남아시아인), "똥꼬충"(게이), "급식충"(아동·청소년), "틀딱충"(노인), "맘충"(엄마) 등 사람을 '벌레'나 '똥'에 비유하여 비인격화하는 말들이 등장했다. 무엇이든 웃음거리가 된다면 괜찮다는 듯, 집단적 편견과 적대감이 봉인해제되었다.

이런 '놀이'의 잔혹성은 특히 그 표현의 발신자와 수신자의 간극 사이에 존재한다. 수신자의 입장에서 "그건 비하예요!"라고 말할 때, 발신자가 "비하할 의도가 없었어요"라고 답하는 진부한 레퍼토리가 이 간극에서 나온다. 비하할 의도가 없었다면 무슨 의도가 있었을까? 원래의 의도는 웃음을 유도하려는 경우가 많다. '웃찾사'의 흑인 분장 사건도 웃기려는 것이었다. 흔한 말로 '개그 욕심'이거나 상대의 호감을 얻기 위한 분위기 조성용 멘트들이다.

2018년 12월 전국장애인위원회 발대식 및 임명장 수여식 행사장에서 이해찬 더불어민주당 대표도 아마 그런 의도로 말했을 것이다. 그는 축사 도중 "정치권에서 말하는 걸 보면 '저게 정상인인가' 싶을 정도로 보이는 그런 정신장애인들이 많다"라고 했다. 곧 정신장애인에 대한 비하 발언이라는 비판이 제기되었다. 이 대표는 "장애인을 폄하할 의도는 없었으나 오해를 불러일으킬 수 있다"는 말로 사과했다.[12] 이해찬 대표에게 장애인을 폄하할 의도가 없었다는 말은 정황상 사실인 것처럼 보인다. 발언한 장소가 장애인위원회 행사장이었고 축사였으니 말이다. 오히려 유머를 통해 환심을 사려고 꺼낸 말이라고 생각해야 더 앞뒤가 맞는다.

하지만 "정치권에 정신장애인이 많다"는 이 유머는 웃기지 않았다. 장애인과 동일시하고 감정이입하는 사람들에게 말이다. 그럼 누가 웃는가? 어쩌면 이 멘트는 정치인들끼리 통하는 유머일지도 모른다. 정치인들이 스스로를 비하하는 데 너무 익숙해서 그 말이 장애인에 대한 비하를 전제로 한다는 사실을 눈치채지 못했을지 모른다. 만일 그렇다면 여기에 더욱 본질적인 문제가 있다. 그 유머 속의 비하를 눈치채지 못할 정도로 정치인들 사이에서 장애인이 상관없거나 중요하지 않은 사람으로 여겨진다는 방증이기 때문이다.

잔혹성은 발신자와 수신자 사이의 엄청난 간극에서 온다고 했다. 고든 호드슨Gordon Hodson과 동료들이 연구에서 밝히듯, "농담은 농담일 뿐"이라고 가볍게 여기는 생각 자체가 사회적으로 약한 집

단을 배척하고 무시하는 태도와 연관되어 있다.[13] 유머, 장난, 농담
이라는 이름으로 다른 누군가를 비하함으로써 웃음을 유도하려고
할 때, 그 '누군가'는 조롱과 멸시를 당한다. 그리고 그 '누군가'는
'놀려도 되는' 특정한 사람들에게 집중되고 반복된다. 우리가 누구
를 밟고 웃고 있는지 진지하게 질문해야 하는 이유이다.

호명 권력

비하성 유머는 지위고하를 막론하고 다양한 사람들에게 향할 수
있다. 하지만 그 영향이 모두에게 똑같은 것은 아니다. 우선 지위
고하를 막론하고 자신이나 자신이 동일시하는 집단을 향한 비하가
누구에게나 불쾌하다는 점은 분명하다. 차이는 비하성 유머의 소
재로 더 손쉽게 이용되는 집단이 있고 그렇지 않은 집단이 있다는
것이다. 예를 들어 소방관은 농담이나 놀림의 소재로 사용되는 경
우가 흔치 않은 반면, 이주노동자에 대한 비하성 언어들은 넘쳐난
다. 정치인에 대한 비하성 표현이 없지는 않지만, 장애인에 관해 일
상적으로 사용되는 비하성 표현에 비할 바가 아니다.

사람들은 어떤 유머에 대해서는 단호하게 반대한다. 극우 성향
의 인터넷 커뮤니티사이트 일간베스트에서 세월호 희생자를 '어
묵'이라고 부르며 조롱하는 게시물에 많은 사람들은 분개하며 거

부했다. 반면 어떤 유머에 대해서는 별 문제의식 없이 익숙한 상태로 지낸다. 장애인을 낮추어 부르는 '병신' '바보'라는 말을 특별히 즐기지도 않지만 일상적인 사용을 포기하지도 않는다. 어떤 유머는 유희로서 적극적으로 사용된다. 어떤 집단을 놀이의 소재로 삼아도 되는지에 대해, 사람들은 분명 서로 다른 감각을 가지고 있다.

우리는 누구를 향해 웃는가? 토머스 포드 등은 실험을 통해 대상 집단에 대한 사회적 가치판단에 따라 사람들이 비하성 유머에 다르게 반응한다고 밝혔다.[14] 테러리스트나 인종차별주의자와 같이 사회적으로 비난받아 마땅하다는 합의가 있는 집단에 대해서는 이들을 비하하는 유머로 인해 잠재된 편견이 표출되는 효과가 크지 않았다. 반면 무슬림, 게이, 여성과 같이 사회적으로 긍정적 태도와 부정적 태도가 혼재된 집단에 관해서는 이들을 비하하는 유머를 보았을 때 억눌렸던 편견이 표출되는 효과가 컸다.

포드 등의 실험 결과가 의미하는 바는 논문 제목대로, 똑같은 비하성 유머라고 해도 그 영향은 "모든 집단이 똑같지 않다"Not All Groups are Equal는 것이었다.[15] 무슬림, 게이, 여성 등 사회적 차별에 취약한 집단에 관한 비하성 영상이나 방송은 잠재된 편견을 표출시키는 효과가 크다. 따라서 이를 통해 차별이 조성되는 효과도 크다. 저자들은 논문에서 취약 집단에 대한 농담은 결코 가벼운 유희가 아니며, 차별을 촉진시키는 힘이 있음을 강조한다.[16]

어떤 집단에 대한 사회적 평가는 사회적 맥락에 따라 다르기 때문에 유머의 영향도 다르게 나타난다. 2018년 한국행정연구원은 전국 만 19~69세 남녀 8,000명을 대상으로 소수자에 대한 사회적 포용도를 조사했다. 소수자 집단별로 물었을 때 아예 '받아들일 수 없다'는 응답은 동성애자 49.0퍼센트, 북한이탈주민 12.6퍼센트, 외국인이민자·노동자 5.7퍼센트 등이었다.[17] 한국사회에서 이런 취약한 집단들에 대한 유머는 농담으로 끝나지 않고 편견을 증폭시켜 차별로 이어질 가능성이 높다.

소수자에 대한 잠재된 거부감이 혐오표현을 통해 방출되는 것이라면 최근 한국사회는 그 적나라한 모습들을 보았다. 범람하는 혐오표현을 통해 편견은 더욱 자유롭게 소통되며 차별을 정당화하는 '규범'을 형성하고 있다. 이런 현상은 평등에 관한 규범이 모호한 현실과 관련 있다. 차별을 해서는 안 된다는 확립된 규범이 없는 상태에 기생하는 유머들인 것이다. 차별금지의 규범이 사회적으로 확립되기 전까지 유머를 통해 누군가를 비하하고자 하는 욕망은 계속 표출되고 증폭될 수 있다.

비하성 표현의 문제를 피하기 위해, 때로 사회는 단어를 교체한다. '장애자'나 '불구'를 '장애인'으로, '결손가족'을 '한부모가족'이나 '조손가족'으로, '혼혈인'을 '다문화가족 자녀'로 순화하는 식이다. 이런 단어의 교체는 그 단어 안에 담긴 무의식적 편견과 낙인을 반성하는 의미가 있다. 하지만 단어의 교체로 낙인이 온전히 사라지지는 않는다. '장애인' '다문화' 등의 용어가 다시 낙인을 담은 비하성 용어로 사용되는 것처럼 단어를 바꾸어도 그 대상을 비하하는 마음이 사라지지 않는 한 낙인은 지워지지 않고 다시 살아난다.

그래서 어떤 소수자 집단은 낙인이 부착된 단어를 그들 스스로 **전유**^{reappropriation}해버리기도 한다. 아예 적극적으로 스스로를 호명하는 단어로 사용하면서 긍정적 의미를 부여해버리는 전략이다.[18] 대표적인 단어가 성소수자를 지칭하는 '퀴어'^{queer}다. 퀴어는 본래 '기괴한'이란 뜻으로, 성소수자를 조롱하는 용어였다. 그런데 성소수자 당사자들이 이 단어를 전유해버렸다. '기괴하다'는 뜻은 그대로 가져가면서, 기괴함은 나쁜 것이 아니라 특별하고 독창적인 것이며 다양성을 드러내는 것으로서 오히려 자랑스러운 특징이라고 선언해버렸다.[19]

한국에서 성소수자 축제를 "퀴어문화축제"라고 부르는 것과 같이, 이제 퀴어라는 단어는 성소수자의 단어가 되었다. 퀴어라는 단어를 성소수자 당사자들이 전유함으로써 성소수자를 비하하는 용도로서의 효력은 사라져버렸다. 비성소수자들이 성소수자 집단을 마음대로 규정하고 부르던 무기를 하나 잃었다. "우리는 퀴어야. 적응해"^{We are queer. Get used to it.}와 같은 슬로건은 언어적 권력과 편견에 도전하며 의미를 전복시키는 운동이었다.

장애여성인권운동 단체인 장애여성공감이 2018년 발표한 "시대와 불화하는 불구의 정치"라는 슬로건은 '불구'라는 낙인의 전복을 꾀한다. 이 슬로건에 대한 장애여성공감의 설명을 보자. "정상성과 성장을 의심하고 의존과 연대의 의미를 다시 쓰고자" 한다고 그 의미를 밝히고 있다.

우리는 장애인을 비롯해 시대마다 불화하는 존재들을 차별했던 '불구'라는 낙인을 기억합니다. 우리는 불구의 존재들이 살아야 했던 폭력적인 운명을 거부하며 이제 '불구'의 뜻을 다시 만들려고 합니다. 사회와 국가는 온전하지 못한 기능, 스스로 구할 수 없는 능력을 가진 사람을 차별하고 배제하지만, 바로 거기에서 불구의 정치가 피어납니다. 우리는 이러한 처지에 있는 소수자들과 함께 정상성과 성장을 의심하고 의존과 연대의 의미를 다시 쓰고자 합니다.[20]

그렇다고 이제 다시 '불구'라는 단어로 장애인을 호명해도 된다는 뜻은 아니다. 오랜 낙인의 기표에 도전하며 온전히 존중받는 존재로 장애인의 의미를 다시 찾는 운동에 동참하는 새로운 의미에서만 이 단어의 사용이 허용될 수 있다. 소수자 집단에 관한 무수한 표현 가운데 어떤 단어는 사용해도 되고 어떤 단어는 사용해서는 안 된다고 체크리스트로 말하기 어려운 이유이다.

누군가를 무언가로 호명할 수 있는 것은 권력이다. 누군가를 향한 놀림을 '가벼운' 농담으로 할 수 있다는 사실 자체가 그 사람의 사회적 위치와 권력을 알려준다. 반대로 원하지 않는 기표가 자신에게 부착되는 경험은 소수자로서 사회적 위치와 무력한 상태를 확인시켜준다. 당신은 스스로 원하는 방식으로 호명되고 있는가? 당신은 타인이 원하는 방식으로 호명하고 있는가? 당신의 호명 권력은 어느 정도이며 어떻게 사용하고 있는가?

반응 없는 반응

유머가 사회적 권력과 관련되어 있음을 이해하면 유머가 가지는 힘의 차이도 짐작할 수 있다. 지위가 높은 쪽에서 낮은 쪽으로 향하는 비하성 유머는 비하당하는 사람의 생활에 실질적으로 중대한 영향을 미친다. 반면 지위가 낮은 쪽에서 높은 쪽으로 향하는 비하성 유머는 말하는 사람이 그 순간 스트레스를 해소하는 카타르시스의 효과가 더 크다. 다수와 소수, 교사와 학생, 고용주와 피고용인, 상사와 부하직원, 남성과 여성, 선주민과 이주민 등 다양한 권력관계에서 유머의 영향은 서로 다르게 나타난다.

이런 권력관계를 간과하고 두 집단 사이의 '상호비하'를 같은 무게로 바라보면 오류가 생긴다. 뜨거운 쟁점이 되고 있는 '김치녀'와 '한남충'의 논쟁을 생각해보자. '김치녀'와 '한남충' 모두 사람을 비하하기 위한 목적으로 사용된다는 점에서 둘 다 바람직한 용어는 아니다. 두 용어 모두 누군가를 모욕하는 발언이므로 사람은 누구나 존중받아야 한다는 인권의 대원칙에 어울리지 않는다.

그렇다고 두가지 비하성 언어가 담고 있는 사회적 맥락까지 동일하다고 결론을 내릴 수는 없다. '김치녀'는 '사치를 부리며 남성에게 피해를 끼치는 존재'라는 의미를 담고 있다. 이 말은 여성이 남성에게 보여야 하는 '바른' 행동에서 어긋나 있다는 평가를 포함한다. 즉 여성에게 기대되는 행동, 말하자면 조신하고 검소한 모습을 보여야 정상이라는 억압적인 역할 규범이 부여된 언어이다. '한남충'의 경우, 여성이 남성에게 특정한 역할 규범을 요구하는 의미로 읽히지는 않는다. 그보다는 여성의 입장에서 '나도 당신을 조롱할 수 있다'는 호명 권력을 사용하는 현상으로 읽힌다.

따라서 '김치녀'와 '한남충' 논쟁은 단순한 언어 사용의 문제를 넘어서는, 더욱 심층적인 사회적 성차별 구조의 지각 변동 속에서 이해되어야 한다. 여성, 장애인, 성소수자 등 역사적으로 억압되었던 집단이 평등을 쟁취하는 과정에서 이런 현상은 반복된다. 기존의 억압을 유지하기 위한 비하성 언어와 기존의 권력에 맞서기 위해 등장한 비하성 언어가 대립하는 것이다. '둘 다 잘못'이라는 양비론으로 접근해서는 이 난제를 풀 수가 없다. 불평등을 철폐하려는 힘과 유지하려는 힘 사이의 첨예한 긴장 속에서 사회가 평등의 방향으로 문제를 풀어야 한다는 명확한 관점을 가져야 한다.

일상에서 자주 경험하는 비하성 언어와 각종 표현들은 일상이라서 더욱 풀기가 어렵다. 늘상 반복되어온 탓에 익숙해진 데다가 워낙 비일비재하여 일일이 대응하기도 어렵다. 특히 유머로 던진 말에 정색을 하고 대응하기는 쉽지 않다. 유머와 놀이를 가장한 비하성 표현들은 그렇게 '가볍게 만드는 성질' 때문에 역설적으로 '쉽게 도전하지 못하게 만드는 강력한 힘'을 가진다.[21] 이런 언어 공격은 인간 내면의 아주 본질적인 부분에 비수처럼 날아와 꽂히는 반면, 그 말이 왜 문제인지 설명하기는 너무나 어렵고 설명할 기회의 순간은 짧다. 우리는 대개 말문이 막힌 채 그 찰나의 기회를 놓친다.

예전에 한 식사 자리에서 나는 어느 로펌의 원로 변호사와 같은 테이블에 앉은 적이 있다. 나를 비롯한 로스쿨 학생들 사이에서 그는 기분 좋은 큰 목소리로 이런 말을 했다. "여자는 공부 잘해봐야 소용없어. 남자가 공부를 잘해야 큰일을 하지." 옆에 앉아 있던 학생들은 이 말을 유쾌한 웃음으로 받아넘겼고, 나도 그랬다. 돌아오는 길에 나는 그 일을 생각하며 뒤늦게 화가 나기 시작했다. 그 말을 한 원로 변호사에게 화가 난 만큼 그 자리에서 웃는 모습을 보인 나 자신에게도 화가 났다. 그리고 다시는 그런 말에 웃지 않겠다고 결심했다. 문제제기를 할 만큼 순발력이 없다면, 그런 상황에서 웃지 않는 것이 내가 할 수 있는 최소한의 소극적 저항이라고 생각했다.

한가지 분명한 사실이 있다. 유머의 중요한 속성 중 하나는 청중의 반응에 의해 성패가 좌우된다는 점이다. 그러니 "누가 웃는가?"

라는 질문만큼 "누가 웃지 않는가?"라는 질문도 중요하다. '웃찾사'의 흑인 분장 사건처럼 웃지 않는 사람들이 나타났을 때 그 유머는 도태된다. 누군가를 비하하고 조롱하는 농담에 웃지 않는 것만으로도 "그런 행동이 괜찮지 않다"는 메시지를 준다. 웃자고 하는 얘기에 죽자고 달려들어 분위기를 싸늘하게 만들어야 할 때가, 최소한 무표정으로 소심한 반대를 해야 할 때가 있다.

5장

어떤 차별은 공정하다는 생각

식용유 세트, 여사님, 목줄

드라마 「미생」(2014)에서 장그래(임시완)는 회사에서 설 명절 선물로 식용유 세트를 받는다. 명절 선물을 받았으니 기분이 나쁠 이유가 없다. 그런데 다른 직원의 자리에는 햄 세트가 놓여 있다. 회사는 비정규직에게는 식용유 세트를, 정규직에게는 햄 세트를 주었다. 이 장면을 보며 시청자들은 묘한 감정에 휩싸인다. 분명 선물인데 더이상 기쁘지 않다. 선물을 받았다는 기쁨보다 차별을 당했다는 설움이 앞선다. 별로 대단하지도 않은 일에 차별받았다는 생각에 더 서럽다.

식용유 세트와 햄 세트. 비용으로 따지자면 대략 1~2만원 정도의 차이일 것이다. 이 크다면 크지만 작다면 작은 돈의 차이로 왜 사람들은 서러움까지 느끼게 되는 걸까? 그것도 '선물'인데 말이다. 이 '사소한' 차별로 인한 상처는 당혹스럽다. 유머가 문제를 '사소하게' 만들어 대응하기 어렵게 하는 것처럼(4장 참조), 이런 일상의 '사소한' 차별도 대응하기 쉽지 않다. 분명 뭔가 잘못되었는데 딱히 뭐라고 언어화하기 어려운 곤란한 상황에 빠진다.

수원의 한 주민센터에서는 여성 비정규직 노동자를 "여사님"이라고 불렀다. 얼핏 높여 부르는 호칭 같지만 맥락을 보면 그렇지 않다. 정규직 공무원은 "주무관"이라고 부르는데 비정규직을 똑같이 "주무관"이라고 부를 수 없어 궁여지책으로 만든 호칭이었다. 나이가 어리면 "~씨"라고 부르고, 나이가 많은 남성에게는 "선생님"이란 호칭을 사용했다. 문제가 된 노동자는 40대에 가까운 여성이라 "~씨"도 "선생님"도 맞지 않다고 생각한 모양이다. 수원시 인권센터는 이 "여사님"이란 호칭이 비정규직을 낮추어 부르는 말로 불합리한 차별이라고 판단했다.[1]

수원시는 다른 호칭을 찾아야 했다. 당시 중앙행정기관과 지방자치단체들은 정규직과 비정규직의 구분 없이 모두 '주무관'으로 통일해 부르는 곳과, 비정규직 노동자는 '실무원' 등 별도의 호칭으로 부르는 곳이 있었다. 수원시는 '주무관'과 '실무관' 두가지 대안을 두고 고민했다. 노동자들이 선호하는 호칭은 다른 공무원과 동일한 '주무관'이었다. 하지만 수원시는 '실무관'으로 분리하려는 입장을 취했다가 또다시 비판을 받았다. 비판을 예상하지 못했을까? 왜 꼭 호칭을 분리해야 했을까? 결정권자는 비정규직 노동자를 정년이 보장된 공무직과 동일하게 대할 수 없다고 생각했던 것으로 보인다.[2]

몇몇 기업에서는 사원증 목줄 색깔로 정규직과 비정규직을 구분해 논란이 되었다. '정규직은 빨간색, 비정규직은 초록색' '정규직은 파란색, 비정규직은 회색' 등으로 구분하여, 누가 비정규직인지 한눈에 알아챌 수 있도록 했다. 물론 정규직과 비정규직 사원증에 아무런 차이를 두지 않는 기업들도 있다. 반면 비정규직 직원을 정규직 직원과 구분하기 위해 이렇게 사원증 목줄 색깔을 달리하거나 혹은 사원증 대신 임시출입증 등 다른 신분증을 제공하는 기업들도 적지 않다.[3]

식용유 세트, 여사님, 그리고 사원증 목줄. 모두 정규직과 비정규직을 구분하는 방법이다. 왜 이렇게 구분을 하려는 걸까? 이 중에서 식용유 세트와 햄 세트의 경우라면 재정적 한계 때문에 비용을 절감하려는 목적이 있을 수도 있겠다. 그런데 '여사님'과 '주무관'이란 호칭 사이나, 사원증 목줄 색깔 사이에는 아무런 비용 차이도 없다. 재정적인 이유가 없을 때에도 사람들은 애써 구분을 한다. 구분이 목적인 구분이다.

차별이 공정하다는 생각

먼저 식용유 세트와 햄 세트에 대해 생각해보자. 규모가 큰 회사고 재정적 압박을 받는다고 가정하자. 명절 선물로 사용할 예산이 한정되어 있는데 어떻게 사용할까? 선물을 지급하는 수백가지 방법이 있을 것이다. 직급에 따라 달리 주는 방법, 연차에 따라 달리 주는 방법, 결혼 유무에 따라 달리 주는 방법, 성별에 따라 달리 주는 방법, 성과별로 달리 주는 방법 등 선물을 주는 사람이 기준을 세우기 나름이다. 물론 가장 간단한 방법으로 모두에게 똑같이 주는 방법도 있다.

「미생」에서는 정규직과 비정규직으로 나누어 선물을 달리했다. 이 일을 드라마 속 에피소드로만 치부하기 어려운 이유는 현실에서 정규직과 비정규직의 차별이 비단 명절 선물뿐 아니라 더 폭넓게 벌어지기 때문이다. 한국노동연구원이 통계청 「경제활동인구조사」를 분석한 결과에 따르면,[4] 비정규직의 임금은 정규직 임금의 64~65퍼센트 수준에 불과했다. 비정규직으로 국민연금, 고용보험, 건강보험, 퇴직금, 상여금, 시간외수당, 유급휴가, 교육훈련 등을 보장받는 비율은 24.4~45.6퍼센트로 정규직에 비해 절반에 못 미치는 수준이었다. 정규직이라고 모든 혜택을 받는 것은 아니지만 정규직과 비교했을 때 비정규직의 보장 비율이 현저하게 낮았다.

왜 하필 정규직과 비정규직을 차별하는 수고를 들일까? 차별을 정당화하는 흔한 이유 중의 하나가 "자원이 제한되어 있기 때문"이다. 사실 이 이유만으로 차별을 정당화할 수는 없다. 자원이 제한된들 왜 똑같이 나누지 않고 정규직에게 더 좋은 선물을 주어야 하는지는 설명이 더 필요하다. 만일 이 차별을 정당화하고자 하면 단지 자원이 제한되어 있다는 사실이 아니라 어떤 타당한 이유로 자원 배분의 우선순위를 달리했는지를 설명해야 한다.

이에 대한 설명으로 어떤 사람들은 차별이 '공정'하기 때문이라고 말한다. 차별하는 것이 더 옳고 도덕적이기 때문에 차별을 해야 한다는 것이다. 예컨대 성실하게 일해 좋은 성과를 거둔 사람과 불성실한 태도로 일관한 사람을 똑같이 평가해서는 안 되는 것처럼 말이다. 팀 프로젝트에서 무임승차한 사람을 다른 구성원들과 똑같이 대우할 수는 없다. 정의란 누구든 똑같이 대우하는 것이 아니라 그가 이룬 성과만큼 차등적으로 대접해주는 것이라고 생각한다.

"같은 것은 같게" 대우하는 만큼, "다른 것은 다르게" 대우해야 한다는 논리로 보면 비정규직에게 정규직보다 조금 저렴한 선물을 주는 이유, 비정규직을 정규직과 똑같이 '주무관'이라고 부를 수 없는 이유, 사원증 목줄을 군이 다른 색으로 만들어야 하는 이유도 간단하다. 정규직과 비정규직은 애초에 다르고, 따라서 다르게 대우받아야 하기 때문이다. 능력과 노력에 따라 달리 대우해야 한다는 생각, 능력주의의 관점에서 바라보는 공정함이자 정의이다.

능력주의meritocracy는 "누구나 능력 있고 열심히 하면 성공한다"는 믿음이다.[5] 누구든지 노력과 능력으로써 높은 지위로 올라갈 수 있다고 믿기 때문에 사회적 지위가 낮은 책임은 최선을 다하지 않은 개인에게 있다고 생각한다. 계층의 사다리를 올라갈 수 있는 기회가 누구에게나 주어지기만 한다면 평등한 사회라고 여긴다. 능력주의에 따르면 계층이 존재한다는 사실, 즉 불평등한 구조는 문제가 아니다. 오히려 경쟁에서 쏟은 노력을 보상하기 위해 차등적으로 대우해야 정의로운 사회다.

능력주의의 관점으로 보면 많은 불평등이 정당하게 보인다. 본인이 불리한 위치에 있더라도 마찬가지다. 여성으로서 직장에서 불리한 대우를 받더라도 자신의 능력 부족이라고 생각하면 그 상태를 수긍하게 된다.[6] 능력도 없고 노력도 하지 않는다고 생각되는 집단에 대한 불이익은 정당하다고 생각한다. '홈리스는 일하기 싫어한다' '동남아시아인은 게으르다' '장애인은 무능력하다' '비만인은 자기관리를 안 한다' 등 능력에 관한 부정적 고정관념이 만들어지면 여기에 속하는 사람들은 불이익을 당해도 되는 것처럼 여겨진다.

능력주의는 노력한 만큼 이룰 것이라는 희망을 주는 간명하고 직관적인 신념체계다. 사람들은 이 신념체계를 뒷받침하는 이야기에 매혹된다. 가난한 집안에서 자라 시대의 영웅이 되는 서사는 많은 이들의 심금을 울린다. 능력주의에 대한 믿음 때문에 사회는 무언가를 성취한 사람에게 각별한 존경심을 보낸다. 좋은 대학에 입학한 사람, 좋은 직장에 들어간 사람으로부터 그 노력의 과정을 듣고 싶어한다. 사회의 불평등 자체를 원망하기보다 "계층의 사다리가 끊어지고" "개천에서 용 날 수 없는" 세태를 원망한다.

이런 관점에서 본다면 '불굴의 의지로 온갖 관문을 뚫고' 정규직이 된 사람과, '훨씬 적은 노력으로 쉽게' 비정규직이 된 사람을 어떻게 똑같이 대우할 수 있겠는가? 두 사람이 똑같은 일을 하고 있어도 똑같은 대우를 받는 것은 공정하지 않게 보인다. 중요한 것은 두 사람이 같은 일을 하고 있다는 사실이나, 실제로 능력에 차이가 없다는 사실과 같은 현재 상태가 아니다. 능력주의라는 거대한 신념체계를 지키기 위해 가치가 다른 두 사람 사이에 어떻게든 차별을 만들어야 할 것 같다.

그런데 능력주의는 정말 공정한 규칙일까?

편향된 능력주의

능력주의가 정말 공정한 규칙이 되려면 반드시 필요한 중요한 전제가 있다. 우선 무슨 능력을 어떻게 측정할 것인가 하는 평가기준을 만들고 수행하는 사람들에게 아무런 편향이 없어야 한다. 선정된 평가기준은 누군가에게 유리하거나 불리하지 않게, 평가를 당하는 모든 사람들에게 똑같은 조건이어야 한다. 그리고 타인의 평가는 언제나 개인의 능력을 측정하는 정확한 기준이어야 한다. 이 전제들은 얼마나 사실에 부합하는가? 한가지 사건을 가지고 생각해보자.

2010년 대학 졸업을 앞둔 한 청각장애인이 국가인권위원회에 진정을 냈다. 그는 한 회사의 신입사원 채용 자격기준에서 토익TOEIC 600점 이상 또는 그에 해당하는 영어 성적을 요구한 것이 차별이라고 주장했다. 토익은 만점이 990점인데 듣기평가가 495점, 읽기평가가 495점이다. 청각장애인인 진정인은 듣기평가 부분 때문에 600점 이상의 점수를 받을 수 없었다. 이 경우 청각장애인에 한해 채용기준에서 요구하는 토익 점수를 낮춘다면 어떨까? 가령 300점 정도로 한다면 공정한 채용기준일까?

이 회사가 매우 인기 있는 직장이고 지원자가 많은 상황이라고 가정해보자. 아마도 지원자들 중 누군가는 그 기준이 공정하지 않다고 생각할 것이다. 비장애인은 어려운 듣기평가 점수를 얻기 위해 많은 돈과 시간을 들여 공부를 하는데, 청각장애인은 그러지 않아도 되니 불공평하다고 여길 수 있다. 이런 기준으로 입사를 한 청각장애인을 보는 시선도 곱지 않을 것이다. 자격 없는 사람이 특별우대를 받았다고, 겉으로 표현하지 않더라도 내심 무시하는 사람이 있을지도 모른다.

그럼 어떻게 해야 할까? 누구든 똑같이 토익 600점 이상을 받도록 해야 공정할까? 그렇게 해서 사실상 청각장애인은 아예 회사에 지원할 수 없도록 만드는 것이 정의로운 일일까? 아니면 청각장애를 가진 사람과 그렇지 않은 사람 사이에 토익 점수 요구 기준에 차등을 두어, 청각장애인도 지원할 수 있도록 하는 것이 더 정의로운 일일까? 이에 대한 즉각적인 대답은 응답자가 청각장애인인지 그렇지 않은지에 따라 다를 수 있다. 대개는 자신에게 유리한 방법이 공정해 보이니 말이다.

이런 상황에서 무엇이 정의로운 것인지 판단하는 유용한 방법으로 존 롤스John Rawls가 말하는 "무지의 장막"veil of ignorance이라는 것이 있다.[7] 내가 가난한지 부자인지, 남자인지 여자인지, 능력이나 재능이 어느 수준인지 등 어떤 조건에 처해 있는지 전혀 모른다고 가정하고 사회질서를 정할 때, 개인의 이해관계를 벗어나 모두에게 정의로운 규칙을 찾을 수 있다는 생각이다. 채용기준에서 토익 점수의 경우, 자신이 청각장애인인지 아닌지 모르는 상태라면 당신은 어떤 규칙을 채택하겠는가?

만일 토익 점수가 해당 업무에 꼭 필요한 능력이라면, 이 채용기준이 불합리하다고 말할 수 없다. 그러니 이렇게 질문해보자. 토익 점수 600점 이상은 채용하려는 업무 분야에 필요한 능력기준인가? 영어 듣기평가와 읽기평가 점수가 모두 좋은 사람을 채용하는 것이 해당 업무를 위해 중요한가? 예컨대 채용 분야가 영어 동시통역사라면 주저 없이 그렇다고 대답할 것이다. 그게 아니라 국내에서의 사업기획, 기술개발, 시스템 운영이라면 어떤가?

국가인권위원회는 이 질문에 대해, 영어듣기능력이 해당 채용 분야의 직무에 꼭 필요한 능력이 아니라고 판단했다. 핵심 업무는 기획, 서비스 발굴, 기술개발, 네트워크 및 시스템 운영이고, 영어 관련 의사소통은 부가적인 기능일 뿐이라고 보았다. 신입사원의 근무 예정지도 해외가 아니라 국내였다. 영어를 사용한 의사소통 능력이 본질적으로 필요하지 않은데 이를 이유로 청각장애인을 불리하게 대우하였으므로 이 채용기준은 '장애인차별금지 및 권리구제 등에 관한 법률'에 위반된다고 판단했다.[8]

장애인을 위해 다른 채용기준을 적용하는 것에 여전히 불편한 마음이 든다면, 조금 더 근본적인 문제로 들어가보자. 애초에 이런 문제는 평가기준을 만들 때 장애인을 염두에 두지 않기 때문에 생긴다. 아마 평가기준을 만든 사람도, 평가를 하는 사람도, 장애인이 아닐 것이다. 그들이 상상하는 지원자 속에 장애인은 없다. 영어를 사용한 의사소통이 필요하더라도 청각장애인의 입장에서 방법을 생각하지 않았을 것이다. 철저히 비장애인을 중심으로 설계된 능력기준과 평가기준이다.

모두에게 동일한 기준을 적용하기만 하면 공정할 것 같지만 결과적으로 차별이 된다. 법무사 시험에서 문제지·답안지와 시험시간을 모두에게 똑같이 주면, 시각장애인에게 불리하다.[9] 제과제빵 실기시험에서 모든 참가자에게 똑같이 수어통역사를 제공하지 않으면, 청각장애인에게 불리하다.[10] 공무원 필기시험에서 다른 수험생과 똑같이 메모 대필을 허용하지 않으면, 뇌병변장애인에게 불리하다.[11] 모두에게 동일한 기준을 적용하는 것이 도리어 누군가를 불리하게 만드는 **간접차별**[indirect discrimination]의 예들이다.

내가 유학을 한 학교에는 비영어권에서 온 학생들에게 입학 후 일정 기간 동안 시험시간을 더 주는 정책이 있었다.[12] 내 기억으로는 시험시간이 1.5배 더 길게 주어졌다. 로스쿨이니 당연히 언어가 중요하지만 시험에서 평가하고자 하는 것은 영어 실력이 아니라는 판단에서 마련된 정책이었다. 이 규칙 덕분에 비영어권 유학생이 영어 때문에 일찌감치 시험을 포기하거나 늘 가장 낮은 성적을 받는 일은 일어나지 않았다.

이렇듯 우리의 능력을 판단하는 많은 기준들이 어쩌면 누군가에게는 유리하고 누군가에게는 불리하게 편향되어 있지 않은지 의심해봐야 한다. 취업에서 토익 점수의 요건은 어떤가? 청각장애인 외에는 문제없는 공정한 기준일까? 꼭 필요한 직무능력이 아닌데도 거의 대부분의 회사에서 높은 영어 성적을 요구함으로써, 영어 접근성이 좋은 사회계층 혹은 특정한 학력이나 학벌을 가진 사람을 유리하게 하는 효과가 있지는 않은가?

능력주의 체계는 편향될 수밖에 없는 한계를 가진 인간에 의해 만들어진다. 능력주의를 맹신하는 사람들은 이 사실을 간과한다. 사람은 누구나 개인적 경험, 사회·경제적 배경 등에 따라 어떤 방향으로든 편향된 관점을 가지기 마련이다. 어떤 능력을 중요하게 볼 것인지, 그 능력을 어떤 방법으로 측정할 것인지와 같은 판단은 이미 편향이 작용된 결정이다. 이렇게 선택된 방식으로 능력을 측정할 때 출제자의 편향이 응시자 중 누군가에게는 유리하고 누군가에게는 불리하게 작용한다.

심지어 객관적으로 보이는 성과평가제도 안에도 사람의 편견이 개입된다. 에밀리오 카스티야Emilio Castilla는 표준화된 성과평가에 기초해 연봉제를 운영하는 한 대규모 회사에서 1996년부터 2003년까지 근무한 직원 8,800여명의 데이터베이스를 분석했다.[13] 분석 결과, 동일한 성과평가 점수를 받았더라도 여성과 소수 인종인 직원의 급여 인상폭이 백인 남성 직원보다 더 낮았다. 성과평가 점수가 동일해도 상관이 급여 인상폭을 더 낮게 책정해서 생긴 차이일 것으로 생각되었다. 객관적인 지표와 표준화된 시스템을 마련하기만 한다고 불평등이 사라지는 것이 아니라 그 과정에 여전히 편견이 개입된다는 것을 보여주는 결과였다.

하지만 능력주의를 표방하는 사람은 자신이 객관적이고 공정하게 행동한다고 생각한다. 카스티야와 스티븐 버나드Stephen Benard는 능력주의를 표방하는 사람이 실제로 더 공정하게 행동하는지 실험했다.[14] 만일 이들이 진짜로 공정하다면 동일한 성과를 보인 남녀 직원에게 동일한 성과급을 책정할 것이다. 하지만 실험 결과는 달랐다. 능력주의를 표방하는 사람이 남성에게 더 우호적이고 여성의 성과급을 더 낮게 책정했다. 아이러니하게도 능력주의를 표방하지 않는 사람들이 오히려 남성에게 우호적인 경향이 덜했다.

능력주의를 표방하는 사람이 더 불공정할 수 있다니 왜일까? 자신이 편향되지 않다고 여기는 착각 때문이었다. 사람들은 자신이 객관적이고 공정하다고 믿을 때 자기확신에 힘입어 더 편향되게 행동하는 경향이 있다.[15] 편견에 고삐가 풀리는 것이다. 브누아 모닌[Benoit Monin]과 데일 밀러[Dale Miller]의 실험에서도 성차별적인 발언에 문제 제기를 함으로써 자신이 성차별주의자가 아님을 보여줄 기회가 있었던 사람이 남성을 선호하는 행동을 더 거리낌없이 표출했다.[16] 자신이 공정하다고 믿기에 더욱 편향되게 행동하는 이 현상을 카스티야와 버나드는 "능력주의의 역설"[paradox of meritocracy]이라고 부른다.[17]

무슨 능력을 측정할지 정하고 평가하는 사람에게는 편향이 있고, 선정된 평가방식이 다양한 조건을 가진 모든 사람들에게 공평하기 어렵다. 게다가 평가에는 오류가 있기 마련이다. 이런 한계를 고려할 때 어떤 한가지 평가 결과로 사람의 순위를 매겨 결정짓는 것은 위험하다. 게다가 그런 평가기준으로 인격적인 대우를 달리하거나 영구적인 낙인을 부여함으로써 미래에까지 영향을 미친다면 이것이야말로 불공정하고 부정의한 일이 아닐까.

능력은 하나가 아니며 전부도 아니다

능력은 한가지가 아니며 그 사람의 전부도 아니다. 그런데 사람을 특정한 평가기준으로 단정지어 판단해버리는 버릇은 언제부터 생겼을까? 나를 비롯해 많은 사람들이 기억하는 어린 시절 첫 차별의 경험은 공부를 잘하는 학생에 대한 선생님의 편애다. 공부를 잘하는 학생은 교사에게 신뢰를 받고, 잘못을 해도 쉽게 용서를 받거나 적어도 조롱과 모욕을 당하지 않으며, 이름을 기억해주며 관심받는 걸 보았을 것이다. 내가 다니던 고등학교에서는 겨울에 공부를 잘하는 학생들만 따로 모아 따뜻한 난로를 켜주기도 했다.

이런 편애가 아예 제도화되기도 한다. 2009년 국가인권위원회에는 고등학교의 우열반 편성이 성적이 낮은 학생들에 대한 불합리한 차별이라는 진정이 접수되었다. 학교는 성적에 따라 '평반'과 '특반'으로 나누어 학급을 편성하는 제도를 시행했다. 2학년과 3학년의 각각 7개 학급을 평반 4학급, 특반 3학급으로 나누었다. 그리고 전년도 성적에 따라 문과 1~60등과 이과 1~30등은 특반에 배정하고, 나머지는 평반에 배정했다.

학교 측에서는 이 제도를 '수준별 학급 편성'이라고 주장했다. 학생들의 수준에 맞추어 수업을 하는 것이 수요자 중심의 이상적인 교육과정이라고 말했다. 학생들을 획일적으로 교육하는 것이 아니라 개인별 요구에 맞춘다면 어쩌면 좋은 방식일 수도 있겠다.

만일 학교 측의 주장이 맞다면 우열반 편성은 평반 학생과 특반 학생 모두에게 만족스러운 교육이어야 한다. 정말 그랬을까?

국가인권위원회는 평반과 특반의 학생들을 대상으로 설문조사를 실시했다. 결과는 놀라웠다. 특반 학생의 88.9퍼센트가 특반 편성에 만족하는 반면, 평반 학생의 78.5퍼센트가 평반 편성에 불만족했다. 물론 모든 특반 학생이 만족하고, 모든 평반 학생이 불만족한 것은 아니다. 하지만 압도적으로 높은 비율로 이 우열반 제도가 특반 학생에게 유리하다는 점도 분명했다. 우열반 제도는 모두에게 이로운 제도가 아니었다.

우열반 제도는 수요자 중심의 교육도 아니었다. 교사들은 평반 학생들에게 관심이 적었다. 특반과 비교하며 평반을 무시하는 태도를 보이고, 공부를 하지 않는 학생들이니 '그냥 놔둬도 된다'고 말했다. 학교는 입시 지도 경력이 많은 교사들을 특반에 우선 배정했다. 특반만 누리는 혜택들도 있었다. 학교는 특반에만 프린트물을 나눠주거나 보충수업의 기회를 주었다. 평반은 위축되고 소외감을 느끼며 공부를 포기한 분위기인 반면, 특반은 자신감을 가지고 공부에 전념하는 분위기였다.

성적이 다르니 다르게 대해야 마땅하다는 생각에는 오해가 있다. '다른 것은 다르게'라는 명제는 사람들이 가지고 있는 다양한 조건을 고려하지 않고 획일적으로 대하면 불평등이 생긴다는 의미로서는 타당하다. 청각장애인에게 영어듣기능력을 요구하는 것이 불평등한 것처럼 말이다. 그것이 아니라 성적이라는 획일적인 평가기준으로 순위를 갈라 우월함과 열등함을 구분하여 한편에는 존중과 지원을, 다른 편에는 무시와 박탈을 주어야 한다는 뜻으로 생각해서는 곤란하다. 보상이 합리적인 수준을 넘어 승자가 모든 기회와 존경을 독식하고 패자는 모든 모멸과 배제를 감수하도록 만드는 것은 공정하지도 정의롭지도 않다.

국가인권위원회는 이 고등학교의 우열반 제도가 교육시설 이용과 관련된 합리적 이유가 없는 차별행위라고 판단했다.

실제로 특반에 배포한 프린트 등은 평반에 별 도움이 되지 않을 수도 있다. 문제는 이 같은 작은 차이가 민감한 청소년기에는 눈에 보이지 않는 차별 의식을 낳고 이는 평반 학생에게 열등적 자아상을 심어준다는 사실을 피진정인과 피진정 학교가 간과하고 있다는 점이다. (…) 특반 학생들이 특반에 만족하는 이유로 거론한 '학습 분위기 조성'은 특반에 피진정인과 교사들이 더 많은 관심을 기울이고 학습을 지원한 결과로도 볼 수 있으며, 이와 같은 관심과 학습 지원은 모든 학생의 수준과 특성을 고려해 본질적으로 균등하게 제공되어야 할 것이다.[18]

2017년 한국청소년정책연구원이 실시한 인권실태조사에서 28.3퍼센트의 아동·청소년이 "공부를 못한다는 이유"로 차별당한 경험이 있다고 응답했다.[19] 우리는 교육을 통해 불공정한 능력주의를 배우고 있는 건 아닌지, 그래서 불합리한 구분을 일삼는 불평등 사회를 만들고 있는 건 아닌지 새삼 두려워진다.

6장
쫓겨나는 사람들

두 도시 이야기

1964년 12월 미국에서는 중요한 판결이 있었다. 다음은 그 판결
문의 일부로, 아서 골드버그^{Arthur Goldberg} 대법관이 별개의견에서 상
원통상위원회의 의견서를 인용하여 말한 내용이다. 무슨 일이 벌
어졌던 걸까?

대중시설에서 동등한 접근을 거부당하는 순간 개인의 존엄성
이 훼손될 수밖에 없는 것, 민권법의 주요 목적은 이 문제를 해
결하려는 것이다. 차별은 단순히 지폐나 동전이나, 햄버거나 영
화의 문제가 아니다. 누군가에게 인종이나 피부색을 이유로 그
를 공공의 구성원으로서 받아들일 수 없다고 말할 때, 그가 당연

히 느낄 모멸감, 좌절감, 수치심의 문제이다.[1]

1964년 여름, 미국의 남부 애틀랜타주의 한 모텔 주인은 흑인 손님을 받고 싶지 않았다. 이전부터 흑인은 받지 않았고 앞으로도 그럴 생각이었다. 그런데 의회에서 민권법Civil Rights Act이 통과되었다. 이 법에 따르면 인종, 피부색, 종교, 출신 국가를 이유로 손님을 차별하거나 분리해서는 안 된다. 모텔도 이 법을 따라야 했다. 모텔의 주인이자 변호사이기도 한 모레턴 롤스턴Moreton Rolleston은 받아들일 수 없었다. 1964년 7월 2일, 민권법이 통과된 지 불과 2시간 남짓 지나 롤스턴은 직접 소송을 제기했다.

롤스턴은 사업주가 원하는 대로 손님을 선택하고 자유롭게 영업할 권리가 있다고 주장했다. 그는 국가가 영업의 자유를 제한하는 것은 사유재산 침해이고, 원하지 않는 손님에게 서비스를 제공하라고 강요할 수 없다며 민권법에 반대했다. 롤스턴은 국가를 상대로 1,100만 달러, 2019년 화폐가치로 환산하면 8,900만 달러로, 한화 약 1,067억에 달하는 손해배상을 청구했다.[2] 이 법 때문에 "명성과 고객을 잃고 사업이 파탄에 이를 것"이라는 이유였다.[3]

'하트 오브 애틀랜타 모텔 대 미국'Heart of Atlanta Motel, Inc. v. United States으로 유명한 이 사건은 결국 연방대법원까지 올라갔다. 결과는 어떻게 되었을까? 만일 롤스턴이 이겼다면 1964년 민권법은 더이상 존재하지 않았을 것이고, 미국은 더 오랜 세월 동안 인종분리사회로 유지되었을 것이다. 연방대법원은 만장일치의 판결로 롤스턴의 주장을 기각했다. 차별을 못해서 손해가 있을 것이라는 주장에도 동의하지 않았고, 경제적 손실과 무관하게 의회가 차별을 금지하는 법을 제정할 수 있다고 말했다.[4]

2011년 가을, 부산의 한 사우나는 P씨의 입장을 거부했다. 피부색과 생김새가 '외국인'이라는 이유였다. P씨는 억울했다. 우즈베키스탄 출신이기는 하지만 이미 귀화한 한국인이라고 주인에게 항변했다. 하지만 사우나 주인은 "한국 국적을 취득했다고 해도 얼굴이 외국인이라서 안 된다"고 했다.[5] P씨는 112에 신고했고, 경찰이 출동했다. 이 사건은 어떻게 되었을까?

사우나 주인은 경찰에게 "외국인이라 에이즈에 걸렸을 수도 있다. 손님들이 사우나에 외국인이 오는 걸 싫어한다"면서 사정을 호소했다.[6] 외국인을 받았다가는 한국인 손님이 오지 않을 것이라는 걱정이었다. 결국 경찰은 P씨에게 다른 사우나로 가라고 안내하며 주인이 거부하면 경찰도 어쩔 수 없다고 했다.

한국에서는 대중시설의 주인이 인종, 피부색, 종교, 출신국가 등을 이유로 손님을 거부해도 아무런 규제가 없다. 어떤 사우나는 아예 '내국인 전용 찜질방'으로 영업한다고 한다.[7] 한 대형 찜질방은 외국인이 이용할 수 있는 전용 공간을 따로 만들었다. "외국인들과 목욕탕을 같이 쓰는 것을 싫어하는 손님들이 있어 만들어진 곳"이라고 했다.[8] 누구든 손님을 거부할 자유가 보장되는 사회, 인종분리주의자였던 롤스턴이 원하던 그 사회는 정말 정의로운 것일까?

누구를 거부하는가

물론 미국에도 여전히 인종차별이 존재한다. 뉴욕에 있는 한 맥도널드 매장은 한인 노인들 여럿이 1~2달러짜리 커피나 감자튀김을 주문하고 앉아 너무 오래 자리를 차지하는 일이 못마땅해 경찰에 신고했다.[9] 필라델피아의 스타벅스 매장에서는 흑인 청년 2명이 음료를 주문하지 않고 누군가를 기다리는 모습을 보고 나가라고 요구했다가 이들이 나가지 않자 경찰에 신고했다.[10]

두 사건이 알려지자 모두 인종차별이라고 크게 비난을 받았다. 그런데 앞의 애틀랜타 모텔 사건이나 부산의 사우나 사건과는 조금 다르게, 이 두가지 사건은 대놓고 '한인' 혹은 '흑인'이니 나가라고 한 것은 아니었다. 하지만 백인이 같은 행동을 했다면 과연 똑같이 대응했을까? 그렇지 않았을 것이 거의 분명했다. 한인이거나 흑인이라서 거부했다는 직접적인 표현은 없었지만 인종적 편견에서 비롯된 행동이라는 점에서 인종차별이라고 여겨졌다.

이에 비해 오늘날 한국사회에서 목격하는 차별은 매우 직접적이다. 부산의 사우나 주인은 명확히 '외국인'이라는 이유로 입장을 거부했다. '내국인 전용'이라는 말은 흑백 분리시대의 '백인 전

용'White Only과, '외국인 전용'이라는 말은 '유색인 전용'Colored Only
과 별반 다르지 않다. 식당이나 클럽에서도 '아프리카인'이라고 거
부하거나, '파키스탄, 카자흐스탄, 사우디아라비아, 인도, 이집트,
몽골 사람'은 안 된다며 입장을 거부한 일이 있었다.[11]

거부의 사유는 그외에도 많다. 카페나 식당에서 영유아와 아동
의 입장을 거부하는 '노키즈존' 논쟁이 한참이더니, 중·고등학생
의 입장을 거부하는 '노스쿨존'도 나타났다. 아동은 소란을 피워
다른 손님의 이용을 방해한다는 것이 이유였다. 청소년의 입장을
거부한 카페는 청소년들의 무례한 언행을 문제삼았는데, 청소년
여러 명이 커피 한잔을 시켜놓고 오랜 시간 자리를 차지하는 일로
갈등이 있었다고 한다.[12]

'노장애인존'은 어떤가? 한 식당에서는 혼자 식사를 하러 온 장
애인에게 "자리가 없다"며 입장을 거부했다. 그런데도 식당으로
들어가자 '의사소통이 되지 않는 장애인이 들어와 나가지 않고 있
다'며 경찰에 신고를 했다.[13] 한 레스토랑에서는 청각장애인을 받
지 않는다며 예약을 거부했다. 이전에 청각장애인 손님과 좋지 않
은 상황이 발생했기 때문이라고 했다. '노키즈존'과 비슷하다고 덧
붙였다.[14]

식당, 카페, 목욕탕, 영화관, 놀이시설 등 대중을 상대로 영업하는
각종 시설에서 문제를 일으키는 손님의 문제는 결코 가벼운 일이
아니다. 매장을 관리하는 사람으로서 손님에게 예의를 지켜달라고

요구하는 것은 당연하다. 누군가를 거부하는 상점들은 모두 해당 집단에 문제가 있어서 거부하는 것이라고 설명했다. 그런데 손님에게 예의를 지켜달라고 요구해도 된다고 해서 어떤 손님이 이를 지키지 않는다는 이유로 아예 특정 '집단'을 거부해도 괜찮은 걸까?

학교나 군대에서 단체로 혼나본 적이 있다면 기억을 떠올려보자. 나의 경우도 학급 학생 중 누군가가 잘못했을 때, 학급 전체가 체벌을 당한 기억이 꽤 많다. 이때 문제를 일으킨 당사자가 아닌 사람은 억울하다. 이유없이 벌을 받으니 말이다. 당사자인 경우에는 단체 체벌 후 따라오는 괴롭힘을 감당해야 한다. 단체 체벌의 억울한 '피해자'들이 당사자에게 보복하기 때문이다. 한 학급의 학생이 몇십명이 되고, 그중 적어도 몇명은 무엇이라도 실수하고 잘못을 한다. 산술적으로 따져도 단체 체벌은 일상적으로 반복될 수밖에 없다.

단체 체벌은 책임이 없는 사람을 처벌하는 불합리한 제도이고, 잘못이 있는 사람에게도 지나친 형벌이다. 물론 법적으로 다른 사람의 잘못에 연대책임을 지우는 경우가 있다. 예를 들어, 하급자가 위법행위를 했을 때 관리감독 소홀을 이유로 상급자가 함께 책임을 지기도 한다. 하지만 그런 관계가 아니라면 이야기가 다르다. 어떤 외국인 누군가가, 어떤 아동·청소년 누군가가, 어떤 장애인 누군가가 문제가 있었다고, 그 집단 모두에게 연대책임을 지울 수 있을까?

더 중요한 질문은 과연 "누구를 거부하는가?"라는 것이다. 소위 '진상' 손님에 대한 이야기는 꽤 많다. 아르바이트 구인구직 사이트인 알바몬은 아르바이트생 2,507명에게 매너 없는 손님에 대해 물었다. 알바생들은 '반말로 명령할 때'(54.2퍼센트), '돈이나 카드를 던지거나 뿌리듯이 줄 때'(32.6퍼센트), '알바생 권한 밖의 일을 요구할 때'(28.2퍼센트), '자기가 실수해놓고 무조건 사과하라고 할 때'(24.7퍼센트), '트집 잡아 화풀이할 때'(15.6퍼센트) 등에 상처받는다고 응답했다.[15] 당연히 없어져야 할 행동들이다.

그런데 노키즈존, 노스쿨존, 노장애인존으로 이 문제가 해결될까? '진상' 손님이 성인 남성이라면 과연 '성인 남성 금지'라는 표지판을 내세울까? 이런 '진상' 손님이 인근의 대기업 직원이라면 어떨까? 'ㅇㅇ기업 금지'라며 모든 사원의 입장을 거부할까? 이런 상황은 쉽게 상상되지 않는다. 반면 외국인에 대해서는 '그냥' 싫다는 이유만으로도 '내국인 전용'이라고 붙일 수 있다. 왜 어떤 집단은 특별히 잘못이 없어도 거부되는데, 어떤 집단은 개별적으로만 문제삼고 집단으로는 문제삼지 않을까?

배제와 분리의 메커니즘

일반적으로 상점 주인이 손님을 거부하는 일은 흔하지 않다. 손님이 한명이라도 더 많으면 좋은 일이다. 수익이 올라가니 말이다. 상점 주인의 입장에서 손님을 거부하는 건 이 간단한 원리에 반할 때, 즉 수익을 얻는 데 도움이 되지 않는 사람이 올 때이다. 돈을 지불할 능력이 없는 사람이거나, 다른 (더 많은) 손님이 오는 데 방해되는 사람. 이 중 어느 하나의 이유가 있다면 거부하기 쉽다. 게다가 두가지 모두라면 더 쉽다. '돈이 없고, (돈이 있는) 다수가 혐오하는 사람'이라면 말이다.

상점 주인은 영리가 목적이라면 무엇이든 해도 되는 걸까? 항상 그렇지는 않다. 돈이 되지만 법으로 금지된 행위는 꽤 많다. 유통기한이 지난 식품을 팔아서도 안 되고,[16] 허위광고나 과장광고를 해서도 안 된다.[17] 마음대로 환불을 거부할 수도 없다.[18] 모두 소비자를 보호하기 위한 조치들이다. 그럼 '돈이 없고 다수가 혐오하는 손님'을 거부하는 건 어떨까? 영업의 자유이니 그냥 두어야 할까? 아니면 공익을 위해 규제해야 할까? 미국의 긴 인종분리의 역사도 이 거부에서 시작되었다.

1964년 민권법이 제정되기 전까지 미국 법원들은 대중시설에서 흑인을 거부하고 분리해도 괜찮다고 판단했다. 1867년 펜실베이니아 주대법원은 '웨스트체스터와 필라델피아 철도회사 대 마일즈'West Chester & Philadelphia Railroad Co. v. Miles 사건에서 인종분리에 관해 이렇게 판결한다. 하느님이 흑인과 백인을 달리 만들었고, 그래서 불쾌한 감정이 생기는 것이니 인종분리는 자연스럽다. 분리시킨다고 우열을 매기는 것이 아니다. 인종 간에 싫어하는 마음이 있다면, 분쟁을 피하고 평화를 지키기 위해 서로 분리해도 된다.[19]

이런 논리에 힘입어 미국 내의 인종분리는 거침없이 확대되었다. 1870년대 남부에서 인종분리를 법적으로 강제하는 '짐 크로법'이 만들어졌다. 학교, 레스토랑, 숙박시설, 병원, 극장, 이발소 등 공중시설에서 흑인의 출입을 금지하고 '백인 전용' 또는 '유색인 전용'이라는 표식을 만들어 출입구, 화장실, 대기실, 개수대 등에 붙였다. 점차 일자리도 분리되었다.[20] 이 체제는 1960년대까지 계속되었다.

역사적으로 악명 높은 1896년 '플레시 대 퍼거슨'Plessy v. Ferguson 판결은 인종분리정책에 날개를 달아주었다. 이 사건에서 연방대법원은, 분리정책은 유색인종을 열등하게 여기는 정책이 아니고, 사회적 편견과 불평등이 있다고 해도 입법으로 해결할 수 없다는 판결을 내렸다. "두 인종의 사회적 평등은 서로의 장점에 대한 상호인정과 개인들의 자발적인 합의에 따른 자연스러운 친밀감의 결과" 여야 하며 그렇게 되기 전까지는 "자신들의 편안함을 위해, 또 공중의 평화와 질서 유지를 위해, 기존의 전통과 관습에 따를 자유가 있다."[21]

연방대법원은 부인했지만, 플레시 대 퍼거슨 판결에서 인종분리는 분명 '백인'의 편안함을 위한 것이었다. 백인우월주의를 유지시켜야 했기에 사업주들은 인종분리를 강제하는 국가의 간섭을 마다

하지 않았다.[22] 평등은 "개인들의 자발적 합의"에 의해 이루어지지 않았다. 입법으로 해결할 수 없다고 했던 편견과 불평등의 문제는 결국 1964년 민권법, 1965년 투표권법^{Voting Rights Act}, 1968년 공정주택법^{Fair Housing Act}의 제정으로 해결의 실마리를 찾았다.

앞에서 언급한 모텔 주인 롤스턴은 민권법의 인종차별을 금지하는 영업규제가 사유재산권을 침해한다고 주장했다. 이에 대해 연방대법원 판결의 별개의견에서 윌리엄 더글러스^{William Douglas} 대법관은 상원의원 보고서를 인용하여 다음과 같이 반박했다. 사유재산을 제한해 차별을 금지하는 것이 자유의 제한이 아니라 오히려 개인의 자유를 증진시키는 일이라는 의견이었다.

사실 사유재산제도는 그 궁극적 목적인 개인의 자유에 기여하도록 많은 경우 제한되었다. 가장 결정적인 예가 노예제 철폐이다. 노예는 사유재산의 물건으로 여겨졌었다. 하지만 개인의 자유를 중요한 가치로 여기는 사람이라면, 당연히 그 누구도 이 노예해방 때문에 개인의 자유가 훼손되었다고 생각하지 않을 것이다.[23]

영리를 목적으로 하는 기업은 주요 고객이라고 생각하는 사람들의 가치에 편승하기 마련이다. 하지만 그 주요 고객들의 편견과 혐오감에 부응하기 위해 특정 집단을 거부하거나 분리한다면 이야기가 다르다. 미국이 민권법을 제정하여 차별을 금지시킨 것은 기업이라도 사회정의에 어긋나는 방식으로 이윤을 추구해서는 안 된다는 원칙을 만든 것이었다. 대중을 상대로 영업을 하여 얻은 이익을 오롯이 사유재산이라고 주장할 수만은 없다. 크든 작든 기업도 사회 구성원으로서 지켜야 할 윤리와 책임이 있다.

한편으로 미국의 이야기는 엄청난 악으로 여겨지는 부끄러운 인종분리의 역사가 어찌 보면 사소한, '불쾌한 감정'에서 시작될 수 있음을 생각하게 한다. 그리고 그 감정을 어떻게 다루는지에 따라 역사가 달라질 수 있다고 알려준다. 어떤 집단에 대한 혐오감을 어쩔 수 없다고 여기며 마음 가는 대로 행동할 때 불평등은 더욱 깊어진다. 안타깝지만 법과 규범 없이 개인들의 자발적 합의를 통해 평등이 이루어지기를 기대하기는 어렵다. 불평등한 체제를 유지시키는 우리 감정의 힘을 간과해서는 안 된다.

종교의 이름으로

1959년 미국의 한 판사는 백인과 유색인의 결혼을 금지하는 법을 옹호하며 이렇게 말했다.

전능하신 하느님이 인종을 백인, 흑인, 황인, 말레이인, 홍인으

로 창조하였고, 서로 다른 대륙에 살게 하였다. 그의 섭리를 방해
하지 않고서는 그런 결혼의 이유가 없다. 그가 인종을 구분했다
는 사실이, 인종을 혼합할 의사가 없었음을 보여준다.[24]

흑인 여성 밀드러드 러빙Mildred Loving과 백인 남성 리처드 러빙
Richard Loving 부부가 제기한 유명한 '러빙 대 버지니아'Loving v. Virginia
사건의 1심 형사재판 판결 내용이다. 두 사람은 결혼했다는 이유로
1년 징역의 유죄판결을 선고받고, 25년 동안 버지니아주에 돌아오
지 않는 조건으로 25년 집행유예를 받았다. 이 사건은 연방대법원
까지 올라갔고, 1967년 미국 연방대법원은 만장일치로 인종 간 결
혼을 금지하는 법이 위헌이라고 판결했다.[25]

인종분리에는 종교적인 이유가 포함되어 있었다. 인종이 다른
것은 하느님의 섭리이니 서로 분리되어 마땅한 만큼, 하물며 결혼
은 허락할 수 없는 일이었다. 기독교 교리에 따르면, 창조섭리에 어
긋나고, "자연스럽지" 않은 결혼이며, 그렇게 결혼한 부모를 둔 자
녀에게도 불행을 안겨주는 일이라고 생각했다.[26] 인종차별을 반대
하는 사람도 결혼만큼은 안 된다고 했다.[27]

어떤 차별은 종교적인 이유로 요구된다. 종교에 따라, 교리를 이
유로 인종차별이나 성차별을 정당화하는 경우가 있다. 어쩔 수 없
이 차별하는 것이 아니라 반드시 차별을 해야 한다고 생각한다. 그
교리 내에서 차별은 나쁜 것이 아니라 신성한 질서이기 때문이다.

하지만 세월과 지역에 따라 그 교리의 내용은 바뀌는 듯하다. 오늘날 미국의 기독교가 더이상 인종차별을 옹호한다고 생각되지 않는 것처럼 말이다.

아마도 최근 한국사회에서 종교적인 이유를 내세운 가장 뜨거운 쟁점의 하나는 동성애 또는 동성결혼일 것이다. 동성애는 성경에서 '죄악' 행위이며 동성결혼은 '창조주의 섭리'를 거스르는 것이라고 말한다. 좀더 온화한 표현으로 "동성애자를 사랑한다"고 말해도, 그 '사랑'이란 동성애자를 신앙으로 '치유하여 더이상 동성애자가 아니게 만든다'는 의미를 내포한다. 이 관점에서는 사람의 성적지향sexual orientation, 성별정체성gender identity이 다양하고, 모두가 '있는 그대로' 존중받아 마땅하다는 원칙을 받아들이기 어렵다.

종교적 신념과 차별금지의 원칙이 충돌할 때 어떻게 해야 할까? 이 질문은 인종차별의 역사, 성차별의 역사, 성소수자 차별의 역사로 이어지며 오랜 세월 반복되어왔다. 앞으로도 끝나지 않을 질문일 수도 있다. 경직된 위계질서와 배타성을 내재한 교리들은, 차별을 금지하고 다양성을 존중해야 한다는 인권의 대원칙과 끊임없이 부딪힌다.

하지만 역사적으로 보면 종교적 신념이 언제나 소수자를 차별하는 방향으로 작동한 건 아니었다. 기독교인들은 노예제를 폐지하는 데 중요한 역할을 했다. 미국의 가톨릭교회는 인종 간 결혼을 할 수 있도록 옹호하는 의견서를 대법원에 제출했다.[28] 한국에서 불교는 성소수자에 대한 차별에 반대하며 연대활동을 벌인다. 가난하고 약한 사람들과 함께하며 그들의 어려움을 나누는 것은 많은 종교들이 지켜온 공통된 가치이다. 종교는 전쟁을 일으키기도 하지만 평화를 만들기도 하며 인간의 삶에 영향을 미쳐왔다.

오랜 역사를 통해 사람들은 다양한 종교와 신념에 대한 포용과 관용이 평화와 공존의 기초임을 깨달았다. 현대 민주주의 사회는 어느 종교가 다수가 되든지 상관없이, 누구도 종교를 이유로 차별을 받아서는 안 된다는 원칙을 채택한다. 특정 종교의 신념체제로 국가를 지배할 수도 없다. 대한민국 헌법 제11조(평등권·차별금지)와 제20조(종교의 자유·정교분리)도 마찬가지 원칙을 천명하고 있다.[29] 종교적 신념을 이유로 누군가를 적대시하고 혐오하며 배척하는 주장은 민주사회의 기본 원리에 반한다. 최소한 종교적 신념이 타인의 자유와 존엄성을 해치지 않는 사회가 되어야 하지 않을까.

다문화주의 없는 다문화

"여러 곳 알아봤지만 전부 거절당했어요."

"어린이집에서 한국인 학부모들이 외국인 원생 있으면 싫어한다고 거부했어요."

경기도 외국인인권지원센터에서 실시한 '2017 경기도 외국인아동 기본권 실태 모니터링' 결과에서 나온 이야기였다.[30] 어린이집이나 유치원에서 외국인 아동의 입소를 거부한 사례들이다. "여긴 아프리카 아이가 없다" "피부색이 달라서 적응할 수 있을지 걱정된다" "보육료를 부담하기 힘들 거다" 등의 이유를 들어 외국인 아동을 돌려보냈다. 한국인 학부모들이 싫어하고 다른 아동들이 차별할 수 있으니, 아예 외국인 아동을 문밖으로 내치기로 한 것이다. 걱정과 염려로 포장되었지만, 결과는 거부였다.

꼭 국적의 문제는 아니다. 앞서 소개한 사례에서 한국인으로 귀화한 P씨가 사우나에서 거부를 당했던 경우처럼 외양이 외국인처럼 보이면 거부된다. 그래서 한국에서 태어나 한국 국적을 가지고 평생을 한국에 살아도 외국인으로 대한다. 혹은 외모로는 전혀 구분이 되지 않는데 부모 중 이주민이 있다는 사실 때문에 외국인 취급을 당하기도 한다. 국적이 정말 다른 나라든, 아니면 단지 외국인으로 보이든, 핵심은 한국인이 정의하는 한국인에 포함되는 사람과 배제되는 사람이 있다는 데 있다.

사실 누가 한국인인지도 모호하다. 다른 나라로 이민을 가서 그 나라 국적을 취득해도 한국인이라고 받아주는 사람이 있는가 하면, 앞에서 말한 것처럼 한국에서 태어나 한국 국적을 가지고 살아도 한국인으로 대우받지 못하는 사람도 있다. 중요한 건 이 경계를 가르는 권력이 누군가에게 있다는 점이다. 이 영토 안에서 누군가 주인 행세를 하고, 누군가를 손님으로 만들어 거부하는 권력을 행사한다.

'한국인'이 '외국인'을 싫어할 때, 이 사소해 보이는 감정은 사우나와 식당에서, 또 어린이집과 유치원에서 사람을 거부하는 행동으로 발현된다. 그 감정이 계속되는 한 행동도 여기서 그치지 않을 것이 분명하다. 학교, 직장, 대중교통, 문화공간 등 곳곳에서 일어날 일들이다. 일부 지역에서는 이미 인종분리가 시작되고 있다고 한다. 한국인 부모가 이주민의 자녀, 소위 '다문화아동'이 많은 학교를 피해 자녀를 입학시킴으로써 '자연스럽게' 분리가 만들어질 우려가 있다.

이 와중에 '다문화아동'이라는 단어는 왜곡된 한국의 풍경을 보여준다. 다문화라는 말은 본래 다양한 문화의 상호존중과 공존을 강조하는 사상인 **다문화주의**multiculturalism에서 온 것이다. 다문화주의는 각자의 정체성을 존중하는 평등한 관계를 전제로 한다.[31] 특정 문화를 우위에 놓거나 일방적으로 선을 긋고 배척하는 행동과는 어울리지 않는 말이다. 그런데 한국사회에서는 '다문화'가 사람을 지칭하는 단어가 되어버렸다. '진짜' 한국인이 아닌 사람을 구분하는 용어로 쓰이는 것이다.

한국인은 다문화에 속하지 않는다고 전제한 이 묘한 구도는 한국인을 중심으로 생각하는 모순된 인식구조를 반영하는 것처럼 보인다. 그럼에도 사람들은 다문화라는 단어를 사용하면서 다양한 문화를 동등하게 존중하고 있다고 착각한다. 다문화주의를 진지하게 생각해보기도 전에 단어가 오염되어 원본을 알기 어렵게 된 것 같다. '다문화학과'에 소속된 사람으로서 내가 느끼는 안타까움이 기도 하다.

한가지 교훈은 분명하다. 때로 세상에서 가장 아름다운 언어도 사용하는 사람에 의해 상처를 주는 잔인한 의미로 바뀔 수 있다는 사실이다. 누군가에게 다문화는 낙인이고 차별과 배제의 용어가 되었다. 한 중학생의 말처럼 말이다.

"종례 뒤 선생님이 '다문화 남아!'라고 말씀하신 적이 있다. 나도 이름이 있는데 '다문화'로 부르셨다. 선생님이 내가 마치 잘못을 했다는 듯 말씀하셔서 큰 상처를 받았다."[32]

이 장의 글머리에 인용한 아서 골드버그 대법관의 말을 다시 새겨보자. "차별은 단순히 지폐나 동전이나, 햄버거나 영화의 문제가 아니다. 누군가에게 인종이나 피부색을 이유로 그를 공공의 구성원으로서 받아들일 수 없다고 말할 때, 그가 당연히 느낄 모멸감, 좌절감, 수치심의 문제이다." 바로, 인간의 존엄성에 관한 문제다.

7장

"내 눈에는 안 보였으면 좋겠어"

퀴어의 자리

'축제'였어야 했다.

그런데 축제에 참여하는 사람만큼이나 축제를 막으려는 사람들이 몰려들었다. "동성애는 죄악" "동성애 독재 금지" "사랑하니까 반대합니다"라는 피켓을 들고 1,000여명의 사람들이 축제를 방해하기 시작했다. 퍼레이드 차량 바퀴를 펑크 내고, 차량 위로 올라가 진행자를 밀어내고, 무지개 깃발을 빼앗아 부러뜨렸다. 축제 참가자들에게 저주를 퍼붓고, 휠체어를 넘어뜨리고, 주먹을 휘두르는 등 폭력이 난무했다.[1] 2018년 9월, 인천에서 처음 열린 퀴어문화축제의 풍경이었다.

돌발적인 상황도 있었지만 예견된 일이기도 했다. 조직위원회

측에서 퀴어문화축제를 동인천역 북광장에서 연다고 집회신고를 하자, 이를 반대하는 편에서도 같은 날 인근에서 퀴어축제 반대집회를 하겠다고 집회신고서를 제출했다.[2] 서울, 대구 등 다른 지역에서도 비슷한 일이 반복되었다. 먼저 퀴어문화축제의 일시와 장소가 결정되면, 같은 날 같은 시간 바로 건너편에서 반대집회를 연다. 방해가 목적인 모임이다.

애초에 퀴어문화축제 장소 사용이 불허되는 경우도 적지 않았다. 부산 해운대구청은 2018년 10월 부산 퀴어문화축제를 위한 구남로 광장 사용 신청을 불허했다. 시민들이 불편해하고 민원이 많다는 이유였다.[3] 2017년 10월 제주도 제주시청에서도 제주 퀴어문화축제에 신산공원 사용 승낙을 취소했다가 법적 소송을 통해서야 장소 사용을 허가했다.[4] 퀴어문화축제의 개최 반대를 요구하는 민원 때문이었다.

너무 반복되어 익숙하게 느껴지는 장면일지도 모르겠지만, 조금만 바꾸어 생각하면 매우 낯선 광경이기도 하다. 가령 중·고등학교나 대학교의 축제를 생각해보자. 누군가는 어떤 학교의 축제가 마음에 들지 않을 수 있다. 학교에서 열리는 축제 자체를 썩 좋아하지 않을 수도 있다. 그렇다고 작정하고 찾아가서 축제를 방해하는 장면을 상상하기는 어렵다. 대부분은 그냥 축제에 참석하지 않는 것으로 끝난다.

누군가 미리부터 축제를 방해하고 애써 축제 장소까지 가서 저주와 욕설을 퍼붓고 폭력을 가하는 장면을 상상하기 어려운 건, 대개는 사태가 심각해지기 전에 해결되기 때문이기도 하다. 이런 무례함과 무질서를 만드는 사람들을 주최 측이 당장 쫓아낼 것이고 경찰이 단호히 협조할 것이다. 이것을 '충돌'이라고 부르는 사람도 없을 것이다. 일방적인 방해이니 '범죄'라고 부를 것이고, 이런 행동은 대중의 지탄을 받는다. 이것이 익숙한 반응이다.

그런데 이상하게도 퀴어문화축제는 좀 다르다. 축제를 방해하는 사람보다도, 축제를 여는 사람들에게 비난이 향한다. 사람들은 "꼭 사람들이 많은 장소에서 축제를 해야 하느냐?"고 묻는다. 성소수자인 건 받아들일 수 있는데, 보이지 않는 곳에서 해결할 일이지 굳이 광장으로 나와야 하느냐, 사람이며 의상이며 모두 낯선 그 풍경을 왜 '억지로' 다른 사람들에게 보게 하느냐고 묻는다. 말하자면 장소가 틀렸다는 것이다. '보통 사람'들이 많이 다니는 광장이나 공원이나 거리는 '퀴어'가 있을 자리가 아니라고 말한다. 그럼 퀴어의 자리는 어디인가?

공공 공간에 입장할 자격

서구 최초의 공공 공간은 그리스의 아고라로 기록된다.[5] 아고라는 모두가 평등한 민주주의가 실천되는 공간이었다. 하지만 아고라에 입장할 수 있는 자격은 성인 남성에 한정되었고, 여성, 아동, 노예는 배제되었다. 즉 아고라는 "불평등한 자"의 존재를 조건으로 한 평등의 장소였다.[6] 한나 아렌트Hannah Arendt는 아고라에서의 정치적 평등이 사적 영역에서의 엄격한 위계와 지배를 전제로 했다고 말한다.[7] 가장이 아고라에서 누리는 자유를 위해 사적 영역인 가정은 희생되어야 했다.[8]

현대사회가 지향하는 '모든' 사람의 평등이란 이 아고라에 모든 사람이 입장할 수 있을 때에야 비로소 실현된다. 하지만 실제로 그럴까? 오늘날 누가 아고라에 입장할 자격을 가지며, 누가 사적 영역에 남도록 요구되는가? 성별, 장애, 나이, 성적지향, 성별정체성, 국적, 출신 민족 등 개인의 특성들은 아고라에 입장하기 위한 기표로 작동한다. 불평등한 사회에서는 이 기표에 따라 입장 여부가 결정된다. 누군가는 그 기표 때문에 입장을 거절당한다. 그리고 사적 영역에 남도록 돌려보내진다.

공공의 공간에서 거절당한 사람들은 보이지 않는다. 보이지 않는다는 것은 어떤 사람을 소수자minorities로 만드는 중요한 성질 가운데 하나다. '소수'라는 건 수의 많고 적음으로만 결정되지 않는다. 여성처럼 숫자로는 많아도 어쩐지 공공의 장에서 보이지 않는 사람들이 있다.

보이지 않는 이유는 여러가지일 수 있다. 우선 아예 없는 경우다. 아예 없는 이유 역시 여러가지일 수 있다. 애초에 태어나지 않도록 했거나, 들어오지 못하게 했거나, 쫓아냈거나; 극단적으로는 죽였기 때문일 수도 있다. 무시무시해 보이지만 역사적으로 일어났고 지금도 일어나는 일들이다. 남아선호사상이 극심한 시절에는 무수한 여아들이 임신중절수술로 사라졌다. 지금도 여전히 유전적 장애가 발견된 태아는 세상에 나오지 못하곤 한다. 나치는 독일인의 순수한 혈통과 우월성을 지키기 위해 유대인, 집시, 동성애자 등을 추방하거나 죽였다. 한국은 제주 예멘 난민을 둘러싼 논쟁이 커지자 예멘인을 제주도 무비자 입국 대상에서 제외해 예멘 난민이 들어오지 못하게 했다.

격리를 통해 보이지 않게 만들기도 한다. 한국은 1986년 아시안게임과 1988년 올림픽을 앞두고 대대적인 도시환경정화사업을 벌였다. 외국 손님들을 맞이하며 한국의 경제개발을 홍보하기 위해 거리에 있던 소위 '부랑인'을 강제 이주시켜 시설에 수용했다. 1987년 전국 36개 부랑인 시설에 1만 6,125명이 수용되어 있었다.[9] 심각한 인권침해문제가 불거진 형제복지원[10]을 비롯해 당시 부랑인 시설은 '가난하고 더러운 것'을 거리에서 안 보이게 만드는 격리수용의 장이었다.

거리에 있는 청소년을 생각해보자. 그냥 서 있을 뿐이어도 사람들은 그들을 쳐다보며 지나가곤 한다. 성인들은 종종 '교복을 입고 서성이는 고등학생 무리'를 보고 길을 돌아갔다는 에피소드를 이야기한다. 청소년이 거리에 서 있는 건 낯설다. 청소년은 가정이나 학교에 있어야지, 공공의 공간에는 자리가 없다. 하물며 공공의 공간에서 담배를 피우는 등 성인과 똑같은 행동을 한다면, 그 자체가 그 거리를 지배하는 질서에 대한 중대한 도전으로 여겨진다. 그래서 때때로 사람들은 청소년의 행동을 규율하는 치안 역할을 자임한다.

실제로 우리는 꽤 자주 누군가에게 경고를 보내기 위해 거리에서 시선을 사용한다. 거리를 걸을 때 누구에게 시선이 머무르는지 생각해보자. 남성 두명이 손을 잡고 걸을 때, 여성이 노출이 많은 옷을 입었을 때, 지저분한 행색의 사람이 지나갈 때 등 자신도 모르게 시선이 그들을 따라간 적이 있지 않은가? 거리는 모든 사람의 공간이어야 하지만 모두에게 똑같이 허용된 공간이 아니다. 거리에는 사람과 행동을 규율하는 규칙과 감시체제가 있다.

즉 거리는 중립적인 공간인 듯 보이지만 그 공간을 지배하는 권력이 존재한다.[11] 익명의 다수가 시선으로써, 말이나 행위로써, 혹은 직접적인 방해나 법적 수단을 통해 그 거리에 어울리지 않는 불온한 존재들을 단속하는 데 동참한다.[12] 입장할 자격 없이 공공의 공간에 침범한 사람, 거리의 질서에 순응하지 않는 사람을 추방하거나 교화시킨다. 이런 시선의 익명성과 편재성 때문에, '낯선 존재'인 소수자들이 느끼는 일상의 시선 혹은 '감시'의 압박은 삶을 만성적으로 불안하게 만든다.

그래서 때로는 소수자가 스스로 숨어 있기로 결정한다. 소수자가 안 보이는 또 하나의 이유다. 모든 사람에게 해당되는 건 아니 겠지만 자신의 정체성을 숨기는 게 가능한 경우가 있다. 인종차별 을 피하기 위해 복합적인 혈통을 가진 사람들 중 일부는 자신의 겉 모습을 따라 '백인'인 척 행동한다. 낙인을 피하기 위해 사회가 '정 상' 또는 '주류'로 여기는 정체성으로 보이는 전략을 취하는 것이 다. 이를 어빙 고프먼은 **패싱** passing 이라고 부른다.[13]

성소수자는 패싱이 가능한 경우가 많다. 대개 본인이 스스로 밝 히기 전까지는 성소수자라는 사실을 알기 어렵다. 그러니 성소수 자가 군이 성소수자임을 밝히는 커밍아웃 coming-out 은 이상해 보일 수 있다. 본인 스스로 사회적 낙인과 차별에 자신을 노출시키는 행 위이니 말이다. 개인의 성적지향(누구에게 끌리는가)이나 성별정체성 (자신의 성별을 어떻게 인식하는가)이 지극히 사적인 정보라는 점에서 기본적으로 이것을 대중에게 공개할 이유가 별로 없다.

그런데 그런 점에서 보면 성별, 나이, 인종, 장애, 경제적 수준 등 도 별반 다르지 않다. 모두 지극히 사적인 특성들이다. 사실은 공적 인 장에서 일어나는 대부분의 차별이 사적인 개인의 특성에서 시 작된다. 그러니 "왜 사적 특성을 공적 영역에서 드러내느냐?"라는 질문은 적반하장에 가깝다. 실제로는 특정한 사적 특성만을 받아 들이고(예로 남성, 성인, 이성애자), 특정한 사적 특성은 그 이유로 거부 하기 때문이다(예로 여성, 아동, 동성애자).

생각해보면 "왜 군이 공공장소냐?"라는 질문 속에는 상대의 사적 특성을 공공장소에서 받아들이지 않겠다는 뜻이 담겨 있다. 성소수자에게 "왜 군이 축제를 하나요?" "왜 군이 커밍아웃을 하나요?"라고 묻는 질문 속에는, '성소수자'라는 기표가 아고라에 입장할 자격이 되지 못한다는 전제를 품고 있다. 이들을 향해 너희는 사적 영역에 남아 있어야 하며 공공의 장에서 보이지 않는 존재로 있으라는 요구다.

그렇기에 역으로 성소수자가 축제와 커밍아웃을 하는 이유가 더 분명해진다. 보이지 않는 성소수자에게 축제와 커밍아웃은, 보이는 존재로서 평등한 세계에 입장하고 민주적 토론에 참여하기 위해 낙인이 찍혀 있는 사적 기표를 공공의 장에 노출하는 행위다.

질문을 바꾸어야 한다. 어떤 사적 특성이 공공의 장소에서 받아들여지는가? 공공 공간의 주인은 누구인가? 공공 공간에 입장할 자격은 누가 정하고 통제하는가?

싫어할 수 있는 권력

성소수자의 축제를 반대하는 이유는 간단히 말하면 싫기 때문이다. 많은 성소수자들이 광장에 있는 것도 싫고, 즐겁게 축제하는 것도 마뜩찮으며, 보는 것도 언짢다. 사람들은 흔히 누군가를 싫어할 자유가 있다고 말한다. 개인의 감정까지 사회가 간섭하는 건 과도

하다고 느낀다. 그러니 싫은 걸 싫다고 표현할 수 있다고 생각한다. 문재인 대통령도 후보 시절 텔레비전 방송 토론회에서 이렇게 말했다.

"저는 (동성애를) 좋아하지 않습니다."[14]

그러면서 차별금지와는 별개의 문제라고 했다. 이 '좋아하지 않는다'라는 말을 어떻게 이해해야 할까? 성소수자 당사자들은 대단한 모욕감을 느끼며 분개했다. 하지만 어떤 사람은 "동성애를 싫어하는 것이 개인의 취향이니 그럴 수 있다"고 했다. 대통령 후보도 사람이니 어떤 사람을 싫어할 수 있다. 정말 누구든 어디서든, 싫은 감정을 존중해야 할까?

사실 누구나 어디서든 싫다고 말할 수 있는 것은 아니다. 우리는 살면서 내가 있는 자리와 나의 위치에 따라 싫은 걸 싫다고 표현하지 못하는 상황을 수없이 경험한다. 싫은 걸 싫다고 표현할 수 있는 건 권력이다. 이 권력은 잘 쓰이면 매우 의미 있다. 권력자를 향해 싫다고 표현할 수 있는가의 문제는 시민이 권력을 획득하는 데 있어 굉장히 중요하다. 여성이 남성에게 싫다고 말할 수 있을 때, 부하가 상사에게 싫다고 말할 수 있을 때, 권력관계는 기존과 달라진다.

하지만 권력을 가진 사람이 사용하는 싫다는 표현은 다르다. 사장이 어떤 직원을 싫다고 말할 때, 교사가 어떤 학생을 싫다고 말할 때, 이건 단순한 개인 취향이 아니며 권력관계의 변동도 아니다.

바로 권력 그 자체이다. 무수한 차별이 싫다는 감정에서 나오고, 그 감정이 누군가의 기회와 자원을 배제할 수 있는 권력으로 작동한다. 주류 집단이 누군가를 싫다고 지목함으로써 '낯선 것'을 솎아내는 판옵틱panoptic한 감시체제가 작동을 시작하고 공공의 공간을 통치한다.

그렇기에 이성애자가 하는 "동성애자가 싫다"는 말은 동성애자가 "이성애자가 싫다"고 하는 말과 같지 않다. 마찬가지로 비장애인이 하는 "장애인이 싫다"는 말은 장애인이 하는 "비장애인이 싫다"는 말과 같지 않으며, 국민이 하는 "난민이 싫다"는 말은 난민이 하는 "국민이 싫다"는 말과 같지 않다. 말 자체가 아니라 그 말을 하는 주체 사이의 권력관계가 그 말의 의미와 결과를 결정하기 때문이다.

사라 아메드Sara Ahmed는 감정이 단순한 심리적 성향이 아니라 사회규범에 투하한 일종의 자본이라고 말한다.[15] 사회적으로 부정적 감정을 투자한 결과는 좋지 않다. 혐오는 정동적 경제affective economy를 순환하며 부정의를 생산한다.[16] 혐오가 생산하는 부정의는 때로 폭력의 형태를 띤다. 인천 퀴어문화축제에서의 반대는 단지 언어에 그치지 않았다. 차량을 파손하고 사람을 밀치고 때리며 깃발을 빼앗아 부수는 범죄행위였다.

이를 **증오범죄**hate crime, 다른 말로 편견이 동기가 된 범죄bias-motivated crime라고 한다.[17] 2016년 5월 17일, 강남역 10번 출구 인근 상가 화장실에서 있었던 살인사건도 편견이 동기가 된 범죄였다. 범인은 "평소 여자들이 나를 무시해서 죽였다"고 했다.[18] 살인의 동기가 여성에 대한 미움과 증오에서 왔다는 말이었으며, 단지 피해자가 "여성이기 때문"에 해를 끼쳤다는 자백이었다.

증오범죄의 가능성은 피해자를 제약하기도 한다. 여성에 대한 증오범죄를 이유로 여성에게 옷차림을 단정하게 하라거나 밤늦게 길거리에 다니지 말라고 주문하는 것처럼 말이다. 인천 퀴어문화축제에 앞서 인천 동구청 역시, 안전사고가 우려된다며 광장 사용을 불허했다. 광장을 사용하려면 주최 측에서 안전요원 300명과 주차장 100면을 마련하라고 요구했다.[19]

러시아에서도 성소수자의 축제인 '자긍심 행진'Pride March을 둘러싸고 비슷한 일이 있었다. 모스크바시는 2006년부터 계속해서 이 행사를 금지했다. 공공질서를 지키고 소요를 막기 위해서라는 이유를 들었다. '자긍심 행진' 행사 자체가 질서를 해치고 소요를 일으키기 때문이 아니다. 이 행사를 반대하는 사람들이 많고, 심지어 성소수자가 보이면 폭력을 행사하겠다고 협박하는 사람들이 있다는 이유였다.[20] 반대하는 사람들로 인해 무질서해지고 소요로 번질 수 있다는 이유로 성소수자의 거리 행진을 금지한 것이다.

'피해자가 공공의 공간으로 나오기 때문에 범죄가 발생한다'고 말하는 것은 피해에 취약한 집단, 즉 소수자에게 범죄의 원인과 책임을 돌리는 전형적인 화법이다. 그래서 소수자가 공공의 공간에 나오지 못하게 하는 식의 처방을 내린다. 범죄를 의도하는 사람들의 바람대로 국가가 결정을 내리는 것이다.

유럽 인권재판소는 이런 소수자 배제 논리에 동의하지 않았다. 2010년 '알렉세예프 대 러시아'$^{Alekseyev\ v.\ Russia}$ 판결에서 유럽 인권재판소는 민주주의 사회의 핵심은 "다원주의, 관용, 넓은 마음"임을 강조하며 다음과 같이 말했다.[21]

이 사건에서 당국은 [성소수자 퍼레이드 참가자에 대한] 폭력을 촉구하는 성직자에 대해 아무것도 하지 않으면서 그가 공격하는 퍼레이드를 금지시켰다. 그런 노골적인 불법적 선동을 근거로 퍼레이드를 금지시킴으로써, 결과적으로 당국은 고의적이고 명시적으로 법과 공공질서를 위배하여 평화로운 집회를 방해하려는 사람들과 단체들의 의사를 승인하였다. (…)

만일 다수가 받아들이는 조건에서만 소수자 집단이 [유럽인권]협약상 권리를 행사할 수 있다면, 이는 협약에 담긴 가치에 위배되는 것이다. 만일 그렇다면, 소수자 집단의 종교의 자유나 표현과 집회의 자유에 대한 권리는 협약이 요구하는 실질적이고 효과적인 권리가 아니라, 그저 이론에 지나지 않는 권리가 될 것이다.[22]

권력자 또는 다수는 싫어하는 집단을 배척할 수 있는 힘이 있다.

공공의 장소에서 공개적으로 싫다고 표명함으로써 그 집단이 싫어해도 되는 집단임을 공론화할 수 있다. 그래서 유럽 인권재판소는 "민주주의는 단순히 다수의 관점이 언제나 지배함을 의미하지 않는다. 지배적인 지위의 남용을 피하고 소수자에 대한 공정하고 적절한 대우를 보장하기 위한 균형이 필요하다"라고 강조하여 말한다.[23] 러시아 모스크바시 당국은 성소수자의 행진을 금지하는 것이 아니라 안전하게 권리를 행사할 수 있게 보호해야 했다.

문재인 당시 대통령 후보의 '동성애를 좋아하지 않는다' '동성애를 반대한다'는 말에 다음 날 성소수자 활동가들은 문재인 대통령 앞으로 다가가 이렇게 외쳤다.

"내 존재를 반대하십니까!"[24]

다수의 지지를 받으며 영향을 미치는 권력자가 방송에서 어떤 소수자 집단을 좋아하지 않는다고 선언한 것은, 단순한 개인의 취향의 표현이 아니라 그 소수자를 공공의 공간 바깥으로 밀어내는 신호였다. 그가 말한 '차별금지'는 동성애자를 아고라 밖으로 추방시킨 후의 평등일 뿐이었으며, "내 존재를 반대하시냐"라고 외치던 성소수자의 시위는 담장 밖으로 내쳐진 자들의 절규였다.

영토의 윤리

사람들에게는 각자 정의가 미치는 범위, 즉 **정의의 범위**^{scope of} ^{justice}가 있다.[25] 누구나 정의를 추구하는 것 같지만, 실제로 사람들이 생각하는 정의가 미치는 영역은 한계선이 있다. 어떤 경계를 중심으로 정의의 영역 안에 있는 사람들은 존중받아 마땅하고 공정한 분배가 이루어져야 한다고 생각한다. 하지만 그 영역 밖에 있는 사람들은 적으로 생각되거나 비인간화되고 잔인하게 대해도 된다고 느낀다. 이들은 정의가 관장하는 도덕적 세계 밖에 존재한다.[26]

모튼 도이치^{Morton Deutsch}는 정의의 범위가 자신이 소속된 "도덕적 공동체"의 경계를 따라 형성된다고 설명한다.[27] 그 심리적 경계를 어떻게 설정하느냐에 따라 우리의 태도가 달라진다. 내부인은 구성원으로서 권리를 향유하는 것을 당연하게 생각하지만, 외부인은 동등한 권리를 향유할 자격이 없다고 본다. 수전 오포토우^{Susan} ^{Opotow}의 말을 빌리면, 이렇게 "어떤 사람이나 집단이 도덕적 가치, 규칙, 공정성이 적용되지 않는 외부세계에 존재한다고 인식할 때 도덕적 배제^{moral exclusion}가 일어난다".[28]

이 심리적 작용을 통해 사람들은 불평등의 상황을 평등하다고 여기는 모순에 빠진다. 그리스의 폴리스처럼 누군가를 배제한 상태에서 '모두'가 평등하다고 생각하는 착각에 빠지는 것이다. 한국 사회는 모든 사람에게 공평한가? 그렇다고 생각하는 사람은 아마도 이미 아고라에 진입한 다수의 입장일 가능성이 크다. 아고라 밖의 사람들은 아예 보이지 않거나, 밖에 있어도 된다고 어떤 이유로 정당화하고 있을 것이다.

그리스 폴리스 시대를 비롯해 오랜 세월 비가시성^{invisibility}이 극대화된 대표적인 사람들이 노예였다. 노예가 존재한 이유는 그 노동력을 필요로 하는 사람들이 있기 때문이었다. 하지만 이들은 얼굴도 이름도 없으며, 물리적으로 사회 안에 있지만 동등한 권리와 사회적 관계를 가진 구성원으로 인정되지 않는 투명인간 같은 존재였다.[29] 아렌트의 말을 빌자면, 노예는 그 노동의 필요성 때문에 "인류의 울타리 안에 존속"했지만 인간으로서의 권리를 잃고 "인류로부터 추방"당했다.[30]

노예라는 지위는 그 명칭에서 나오는 것이 아니다. 노예는 사람으로서의 권리 없이 노동의 필요만이 요구되는 상태를 의미한다. 울타리 안에 존재하지만 그 땅의 '주인'과 평등하지 않은 사람, 정치적 권리가 박탈되어 권리를 요구할 수 없는 사람, '주인'이 필요로 하는 노동력을 제공하고 흔적 없이 소멸해야 하는 사람이라면, 현대사회에서 부르는 이름이 무엇이든 그는 '노예'가 된다. 이런 '현대판 노예'는 우리 주변에서 어떤 모습으로 존재할까? 노예는 이미 사라진 옛날 일이라고 여겨도 될까?

많은 이주노동자들은 자신들을 한국에 취업하도록 한 고용허가제가 '현대판 노예제'$^{\text{modern slavery}}$라고 말한다. 이 주장은 언뜻 과격하게 들린다. 만일 이 말이 사실이라면 그 노동력을 이용하고 있는 한국인이 대단히 나쁜 사람들임을 인정해야 하기 때문이다. 노예를 부리는 농장주의 이미지를 자신들과 겹쳐 생각하기는 쉽지 않다. 그래서 냉정하게 판단하지 못하고, 이야기를 충분히 듣기도 전에 사실이 아니라고 부인하게 된다. 게다가 고용허가제는 정부가 하는 일이며, 애초에 노동자의 권리를 보호하려는 취지를 가지고 산업연수생제도를 대신하여 만들어졌다.

고용허가제는 한국인이 기피하는 직종에 고용주가 외국인을 고용할 수 있도록 허락하는 제도이다. 이주노동자는 원칙적으로 3년만 일하고 본국으로 돌아가야 하지만, 고용주가 필요하다고 요청하면 기간을 조금 더 연장하여 일할 수 있다.[31] 이주노동자는 마음대로 고용주를 떠날 수 없다. 법령이 정한 몇가지 사정에 한하여 제한적으로 직장 변경이 허락된다. 하지만 그나마도 고용주가 근로계약을 해지하거나, 직장이 휴업·폐업하거나 고용주가 부당처우를 하는 등 고용주 편에서 고용을 계속하기 어려운 사정이 있을 때이다.[32]

이 제도가 낯설게 느껴진다면 앞의 문단에서 고용주雇用主를 사전적 유의어인 '주인'主人으로 바꾸어 읽어보자. 상황이 좀 다르게 보일지도 모른다. 고용허가제는 이주노동자에게 일할 권리를 주는 제도라기보다 주인이 외국에서 노동력을 들여올 권한을 주는 제도이다. 이주노동자는 자신을 채용한 주인에게 전속되고, 마음대로 주인을 떠나지 못한다. 한국에 얼마나 머무를 수 있는지 결정하는 권한도 주인이 가진다. 만일 허락 없이 주인을 떠나면 범법자가 되고 추방당한다. 이렇듯 어떤 고용관계가 오로지 고용주를 위해, 고용주에 의해 결정된다면, 노예제가 아주 먼 남의 일이라고 자신있게 말할 수 있을까.

한 영토 안에 서로 다른 권리를 가지고 살아가는 집단이 있다. 우리는 이런 사회체계를 흔히 신분사회 혹은 계급(카스트)제도라고 부른다. 이주노동자는 외국인이기 때문에 정치적 권리가 없다. 영주권자에게 지방선거에 참여할 선거권을 부여한 일부 예외를 제외하고, 외국인은 원칙적으로 정치활동이 금지된다.[33] 이런 분리된 체제가 계속되면 어떤 신분구조가 생길까? 이주노동자가 과거의 노예처럼 "사회적으로 죽은 사람들"[34]로 존재하는 한, 사회는 불평등한 신분구조를 눈으로 보고도 인식하지 못하는 상태에 빠질지도 모른다.

헌법재판소도 이 불평등을 보지 못하거나 정당화하고 있는 것 같다. 헌법재판소는 이주노동자에 관한 사건 결정문에서, "외국인에게 (…) 기본권 주체성을 인정한다는 것이 곧바로 우리 국민과 동일한 수준의 보장을 한다는 것을 의미하는 것은 아니다"라고 말했다.[35] 외국인도 헌법상 권리가 있기는 하지만, 외국인은 국민보다 덜 보호할 수 있다는 의미다. 헌법재판소가 생각하는 정의가 미치는 범위에는 영토 안에 함께 살고 있는 사람들 가운데 일부가 배제되어 있다.

　마이클 왈저 Michael Walzer는 영토 안에 권리가 적거나 없는 계층이
존재하는 것 자체가 이미 민주주의에 반하는 "폭정"tyranny이라고
말한다.[36] 민주주의가 실현되려면, 기본 전제로 그 안의 모든 구성
원이 평등한 관계를 가지고 동등한 입장에서 토론할 수 있어야 한
다. 국적이 다르다고 사람을 존재하지 않는 것처럼 지울 수 있을까.
우리는 같은 공간을 공유하며 살아가는 윤리를 생각해야 한다.[37]
그래야만 은폐된 불평등을 전제로 평등을 누렸던 그리스의 폴리스
와는 다른, 진정한 민주주의를 만들 수 있을 것이다.

3부

차별에 대응하는
우리들의 자세

8장

평등은 변화의 두려움을 딛고 온다

질서라는 것

2016년 겨울을 달군 촛불집회를 떠올려보자. 수시간 동안 사방의 도로를 막고 거리에서 큰 소리로 노래를 불렀다. 사람이 좀 많았을 뿐 집회 때문에 불편하지 않았다. 오히려 즐거웠고 민주주의를 실천하는 뿌듯함이 있었다. 헌법이 보장하는 집회와 시위의 자유를 만끽한다고 느꼈다.

당신이 이렇게 기억하고 있다면 촛불집회에 참여하거나 그 집회에 동조하는 입장이었을 것이다. 집회와 시위의 자유는 모두의 권리이다. 하지만 이 권리를 행사하는 사람들에 대한 감각은 자신이 어디에 위치해 있느냐에 따라 다르다. 입장이 바뀌면 사람들의 반응은 달라진다.

2018년 6월의 어느 목요일 오전 10시 서울의 지하철 1호선에서 시위가 있었다. 이 시위가 있기 약 8개월 전인 2017년 10월 한 장애인이 휠체어를 타고 신길역 계단 옆에 설치된 장애인리프트를 타려다가 계단 아래로 추락하여 결국 사망한 사고가 있었다. 이 사건을 계기로 서울장애인차별철폐연대는 장애인 이동권 보장을 촉구하는 시위를 했다. 이날 시위에서는 휠체어를 탄 장애인들이 신길역에서 시청역까지 매 정거장에서 타고 내리고를 반복했다. 6개 정거장을 가는 데 1시간 40분이 걸렸다. 평소보다 5배 이상 걸린 것이었다. 많은 시민들이 격렬하게 항의했다.

"시민들을 볼모로 잡으면 어떻게 하냐!"

"바쁜 사람들한테 뭐 하는 짓이냐!"

"나가, ×××아. 왜 여기 와서 이래."[1]

무슨 일 때문에 시위를 하는지 관심을 보이는 사람도 있었지만, 많은 사람들이 삿대질을 하며 욕설을 퍼붓고 비난의 눈초리를 보냈다.

아마 누군가는 속으로 그런 식의 시위는 효과적이지 않다고 훈계하고 있었을 것이다. 이런 시위에 대한 시민들의 반응은 대개 싸늘하다. 격렬한 시위를 통해 민주주의를 이룩한 역사와 별개로 많은 사람들은 자신의 일상을 방해하는 다른 사람들의 집회와 시위를 공공질서에 해로운 행위라고 본다.

공공의 질서는 많은 경우 인권과 긴장관계에 있다. 헌법은 집회와 결사의 자유 등 기본권을 보장하지만 여기에는 한계가 있다. 헌법 제37조 제2항은 "국민의 모든 자유와 권리는 국가안전보장·질서유지 또는 공공복리를 위하여 필요한 경우에 한하여 법률로써 제한"할 수 있다고 말한다. 다만 "제한하는 경우에도 자유와 권리의 본질적인 내용을 침해할 수 없다"고 한정하지만 말이다.

세계인권선언도 마찬가지다. "모든 인류 구성원의 천부의 존엄성과 동등하고 양도할 수 없는 권리"를 인정하고 그 권리 목록을 나열한다. 하지만 그러고 나서, 공공질서를 위해 필요한 경우 권리가 제한될 수도 있다고 여지를 둔다. 세계인권선언 제29조 제2항은 "모든 사람은 자신의 권리와 자유를 행사함에 있어, 다른 사람의 권리와 자유를 당연히 인정하고 존중하도록 하기 위한 목적과, 민주사회의 도덕, 공공질서 및 일반적 복리에 대한 정당한 필요에 부응하기 위한 목적을 위해서만 법에 따라 정하여진 제한을 받는다"고 말한다.

개인의 기본적 권리가 공공질서를 위해 제한될 수 있다는 이 한마디는 상황에 따라 때로 강력한 효과를 가진다. 극단적으로는 다수의 입장에서 소수자의 모든 권리를 부정하고 활동을 억압하는 손쉬운 한마디가 될 수 있다. '공공질서'라고 할 때의 '공공'이 다수를 의미하는 것이라면 말이다. 다수가 동의하는 질서가 공공질서이며, 이를 보호하기 위해 소수의 권리를 제한할 수 있다는 만능 논리가 탄생한다.

법이 부당할 수 있다는 의심

법과 질서를 지키는 것은 시민의 의무일까? 대체로 법과 질서를 따라야 하는 건 맞다. 하지만 언제나 그렇다고 말할 수는 없다. 부당한 법과 질서를 지키지 않는 것도 시민의 책무이기 때문이다. 법이 부당할 수 있다는 사실은 나치의 반유대인 정책이나 남아프리카공화국의 아파르트헤이트 등 법을 통해 부정의한 사회질서가 만들어지고 집행된 경험을 통해 충분히 깨달았다. 역사는 그런 부정의한 법을 집행한 사람을 전범戰犯이라는 이름으로 재판하고 처벌하기도 했다.

한국도 그런 부정의한 시대를 겪었다. 대표적으로 헌법상 기본권을 무효화시키고 인혁당 사건을 비롯해 대규모 인권침해를 초래했던 유신시대의 헌법과 긴급조치를 떠올려보자. 이 역시 법의 외형을 띠었다. 국가의 안전과 공공의 질서를 유지한다는 정당해 보이는 이유가 있었다. 하지만 안전과 질서라는 말은 인권을 제한하는 만능 논리로 사용되었고 권력자의 뜻에 따른 통치를 용이하게 만들었다.

1972년 제정된 유신헌법 제53조 제1항은 "대통령은 (…) 국가의 안전보장 또는 공공의 안녕질서가 중대한 위협을 받거나 받을 우려가 있어, 신속한 조치를 할 필요가 있다고 판단할 때에는 (…) 국정 전반에 걸쳐 필요한 긴급조치를 할 수 있다"고 했다. 이어 제2항은 "대통령은 제1항의 경우에 필요하다고 인정할 때에는 이 헌법에 규정되어 있는 국민의 자유와 권리를 잠정적으로 정지하는 긴급조치를 할 수 있고, 정부나 법원의 권한에 관하여 긴급조치를 할 수 있다"고 했다.

유신정부는 이 헌법조항을 근거로 한 일련의 긴급조치로 정부에 반대하는 발언과 일체의 활동을 금지시켰다. 집회와 시위의 자유, 언론과 표현의 자유가 심각하게 제한되었다. 긴급조치를 위반하거나 비방했다는 이유로 영장 없이 체포, 구속, 압수, 수색당하고, 유죄판결을 받아 구금되는 등의 피해를 입은 사람이 1,260명(4·9통일평화재단 추산)에 달한다.[2] 유신헌법 제53조와 긴급조치 1, 2, 9호는 2013년이 되어서야 헌법재판소의 위헌 결정이 내려졌고 피해자들은 재심청구를 할 수 있게 되었다.

공공질서나 안전보장이라는 말은 표면적으로 크게 문제가 없어 보인다. 현행 헌법에도 있는 말이다. 모두의 안전과 질서를 위해 개인이 자신의 권리를 양보해야 할 때가 있다는 말은 지극히 타당하다고 여겨진다. 어쩌면 유신시대에 "조국과 민족의 무궁한 영광을 위해 충성"한다는 국민의례를 하고, "대를 위해 소를 희생"해야 한다는 도덕률을 배운 세대에게는, 사회의 질서를 위해 개인의 권리를 양보하는 것이 더 당연하게 느껴질 수도 있다.

게다가 기본적으로 사람들은 권위에 순응하는 경향을 가지고 있다. 1963년 스탠리 밀그램^{Stanley Milgram}은 다소 충격적인 실험을 통해 사람들이 다른 사람에게 해를 입히면서까지 권위에 복종한다는 사실을 보여주었다. 실험은 간단했다.[3] 실험 참가자가 과연 어느 강도까지 연구자의 지시에 순응하는지 관찰하는 것이었다.

이 실험의 참가자들은 문제를 풀고 있는 사람이 답을 틀릴 때마다 전기충격을 가하도록 안내받았다. 15볼트부터 450볼트까지 30단계의 스위치를 주고, 문제를 틀릴 때마다 점점 강도를 높이도록 지시했다. 참여자 중 65퍼센트가 450볼트에 이르는 끝까지 연구자의 지시에 순응했다. 전기충격을 당하는 상대가 고통을 호소해도, 괜찮다고 안심시키는 연구자의 말을 믿으며 그 지시에 따랐다.

권위에 순응하는 경향은 현재의 법과 질서를 고수하려는 경향과 연결된다. 사람들은 익숙한 기존의 법과 질서에서 벗어난 낯선 상황을 쉽게 받아들이지 못한다. 연구에서는 권위에 순응하는 성향의 사람들이 "세상을 위험한 곳이라고 인식"하고 "타인의 동기를 의심하며 이질적인 사람을 꺼리는" 경향이 있다고 말한다.[4] 이 두려움과 의심 때문에 변화를 반대하게 된다.

20여년 전까지 동성동본, 즉 성^姓과 본^本이 같은 사람들 사이의 혼인을 막았던 이유도 사회질서가 무너질 것에 대한 두려움이었다. 1958년 민법의 제정과 함께 등장한 동성동본 금혼규정으로 인해 수많은 사람들이 혼인신고를 하지 못한 채 가정을 꾸려야 했고 연인들이 이를 비관하여 자살하기도 했다. 이 제도는 1997년이 되

어서야 헌법재판소의 헌법불합치 결정으로 사라진다.[5]

하지만 당시 유림은 이 금혼규정의 폐지를 극렬하게 반대했다. "동성동본 사이의 결혼이 방만하게 이뤄질 경우 미풍양속과 사회질서가 깨진다""민족 고유의 미풍양속을 버리고 서양풍속을 따라가자는 말이냐""동성동본 금혼이 폐지되면 우리 모두는 패륜아가 된다"는 등의 이유였다.[6] 유림의 입장에서는 대단한 질서의 파괴이자 전통에 대한 배반이었다. 일부 유림은 자결을 말할 정도로 두려운 변화였다.

2005년에는 헌법재판소가 호주제에 대해 헌법불합치 결정을 하면서 부계혈통주의에 기반한 가족제도는 점차 사라졌다. 하지만 우려하던 사회 혼란은 일어나지 않았다. 그저 새로운 질서가 생겼을 뿐이었다. 더 많은 사람들이 혼인의 자유를 누리고 행복하게 되었으며 세상은 조금 더 평등하게 되었다.

헌법재판소는 호주제가 위헌이라고 선고하면서, 전통이라고 부르던 기존의 질서가 "사회적 폐습"이 될 수 있음을 다음과 같이 논증했다.

우리 헌법에서 말하는 '전통' '전통문화'란 오늘날의 의미로 재해석된 것이 되지 않으면 안 된다. 그리고 오늘날의 의미를 포착함에 있어서는 헌법이념과 헌법의 가치질서가 가장 중요한 척도의 하나가 되어야 할 것임은 두말할 나위가 없고 여기에 인류의 보편가치, 정의와 인도의 정신 같은 것이 아울러 고려되어야 할 것이다. (⋯) 역사적 전승으로서 오늘의 헌법이념에 반하는 것은 헌법 전문에서 타파의 대상으로 선언한 '사회적 폐습'이 될 수 있을지언정 헌법 제9조가 '계승·발전'시키라고 한 전통문화에는 해당하지 않는다.[7]

민주주의 사회에서 수호하는 질서가 단순히 기존의 관습이나 법을 지키는 것이 아님은 분명하다. 헌법재판소의 말처럼 "헌법이념과 헌법의 가치질서" "인류의 보편가치, 정의와 인도의 정신" 등에 비추어 어떤 질서는 폐기되고 수정되어야 한다. 차별도 폐기되어야 할 질서 중 하나로, 이런 기존 질서에 대한 도전이 사회 혼란을 초래하는 것으로 오해되어서는 안 된다. 반대로 평등을 실현하기 위한 정당하고 정의로운 행보로 이해되어야 한다.

동성동본 금혼의 시대를 지나, 오늘날에는 "동성결혼 인정하면 가정, 사회, 국가가 무너진다"며 동성 간의 결혼을 반대하는 주장이 거세다. 하지만 독일, 미국, 영국, 프랑스, 캐나다 등 이미 동성결혼을 인정하고 있는 25개 이상 국가들의 상황은 이런 주장과는 괴리가 있다. 2001년 최초로 동성결혼을 인정한 네덜란드에서는 매년 1,200~1,400쌍의 동성커플이 결혼하고 있다.[8] 네덜란드는 '무너지지' 않았으며, 핀란드·노르웨이·덴마크·아이슬란드 등 역시 동성결혼이 인정되는 다른 나라들과 함께 세계에서 가장 행복

한 나라 중의 하나로 건재하다.[9]

2014년 '한국 LGBTI 커뮤니티 사회적 욕구조사'에 의하면, 이 조사에 참여한 레즈비언 937명 중 55.5퍼센트, 게이 989명 중 42.0퍼센트가 연애를 하고 있고, 조사 당시 연인과 동거중인 사람은 레즈비언 중 17.3퍼센트, 게이 중 8.4퍼센트였다. 현재 동거 중인 사람들에게만 질문했을 때, 과거나 현재의 동거 기간이 5년 이상인 사람은 각각 28.4퍼센트와 36.9퍼센트였다.[10] 동성결혼에 대한 요구는 동성동본결혼과 마찬가지로 이미 존재하는 관계를 사회가 인정할 것인지를 질문하고 있다. 우리 사회는 무엇을 두려워하고 있는 것일까? 변화에 대한 두려움을 넘어 더욱 평등한 사회로 나아가는 힘은 어떻게 만들 수 있을까?

변화의 시나리오

소크라테스의 명언으로 잘못 알려진 "악법도 법"이라는 말은, 헌법재판소가 삭제를 요청하면서 교과서에서 사라지게 되었다. 2004년 당시 교육인적자원부에 제출한 의견에서 헌법재판소는 "오늘날의 헌법체계에서는 준법이란 정당한 법, 정당한 법집행을 전제로 한다"라고 밝혔다.[11] 왜 하필 헌법재판소가 이런 의견서를 제출했는지는 자명하다. 헌법재판소의 역할 자체가 법이 정당한지 여부를 심판하는 것이기 때문이다. 지금까지 헌법재판소가 많은 결정을 통해서 밝혔듯, 악법은 법이 아니다.

법이 부당할 수 있다면 경우에 따라 법을 지키지 않아도 되는 걸까? 앞에서 언급한 시위들처럼 많은 경우 시위는 누군가의 통행을 방해하는 결과를 초래하곤 하며, 때로 이런 행동은 '불법'으로 규정되기도 한다. 전국장애인차별철폐연대 공동대표 박경석씨는 장애인의 이동권 보장과 장애등급제 폐지 등을 요구하며 시위를 전개하는 과정에서 미신고 집회를 하고 교통을 방해했다는 등의 이유로 기소되어 재판을 받기도 했다.[12] 이렇게 법에 항거하기 위해 법을 위반하는 것을 어떻게 생각해야 할까?

어떤 사람들은 법을 어기는 것은 무조건 부도덕한 일이라고 생각한다.[13] 시민이라면 누구나 민주적 절차를 거쳐 만든 법을 반드시 지켜야 할 의무가 있다고 강조한다. 그래서 법제도에 항거하는 사람들을 향해 시민으로서의 덕성이 부족하고 공동체에 해를 끼치는 행동이라고 비난한다. 법이라는 다수결의 원칙으로 결정한 결과에 소수자는 승복하는 것이 옳다고 여긴다. "꼭 그런 방식으로 시위를 해야 하냐?"는 질문은 이런 민주적 절차에 대한 절대적인 신뢰에서 나온다.

그런데 민주적인 절차를 통해 만들어진 법도 때로는 부당하다. 부당한 법은 비민주적인 국가에만 존재하는 것이 아니다. 어떻게 이런 일이 생길 수 있을까? 선거와 입법 등의 절차는 대개 다수결의 원칙을 택하는데, 이 의결 방식은 근본적으로 한계가 있다. 다수의 이해관계에 따라 내려지는 결정이 소수자에게 불이익을 주고 기본권을 침해하는 경우가 발생하기 때문이다. 특히 그 소수자가 정치사회적으로 배제되고 고립되어 있다면 그럴 위험이 크다.

당연하게도, 다수의 결정으로 소수에 대한 부정의가 용납되는 것은 민주주의가 아니다. 민주주의는 1인 1표의 원칙에 따라 모든 사람이 동등한 권한을 가지고 평등하게 정치에 참여하여 영향을 미칠 수 있어야 함을 뜻한다. 그렇지 않은 일방적이고 불평등한 규칙은 민주주의 원리에 반한다. 오늘날 헌법재판소의 중요한 역할 중 하나는 다수에 의해 만들어진 부당한 법을 헌법상 기본권에 비추어 심판하고 폐기하는 것이다.

따라서 법에 대해 의문을 품지 않고 복종하는 태도는 민주주의 사회와 어울리지 않는다. 무조건적인 복종은 전체주의의 특징이다. 존 롤스는 저서 『정의론』에서, "사회가 동등한 사람들 간의 협동체제로 해석되는 경우에는, 심각한 부정의로 고통을 받는 사람들은 복종할 필요가 없다"고 말한다.[14] 시민은 단순히 통치를 당하는 것이 아니라 바로잡을 수 있어야 한다. 그러니 다음 롤스의 말처럼 때때로 시민 불복종civil disobedience이 오히려 민주주의 사회에서 정의를 이루는 방도가 된다.

사실상 시민 불복종(그리고 또한 양심적 거부)은 비록 그 정의義로 봐서 불법적인 것이긴 하나 입헌체제를 안정시키는 방도이다. 자유로운 정규 선거 및 (반드시 성문법이 아니더라도) 헌법을 해석할 권한을 가진 독립적인 사법부와 더불어 적절한 제한조건과 건실한 판단을 통해서 이용되는 시민 불복종은 정의로운 제도를 유지하고 강화하는 데 도움이 된다.[15]

롤스에 따르면 시민 불복종이란 "법이나 정부의 정책에 변혁을 가져올 목적으로 행해지는 공공적이고, 비폭력적이며, 양심적이긴 하지만 법에 반하는 정치적 행위"를 말한다.[16] 단순히 법을 어긴다고 시민 불복종이 되는 것이 아니다. 대개 사람들이 법을 어길 때는 개인의 이익을 위해 남모르게 행동한다. 반면 시민 불복종은 공개적으로 위법 행동을 함으로써 대중에게 문제 상황을 알린다.[17]

시민 불복종은 일종의 '말 걸기' 행위다. 매우 절실한 형태의 말 걸기다. 사안의 긴급함과 중요성이 주목받지 못하고 이해되지 못할 때, 그래서 통상적인 경로를 통해 효과적으로 의견이 전달되지 않을 때 시민 불복종이 사용된다. 합법적인 수단으로는 효과가 없고, 소수자의 의제에 다수자가 무관심하거나 변화의 의지가 없을 때, 불복종의 방식으로 대중과 언론의 관심을 모으고 사안에 대해 알리는 것이다.

역사적인 시민 불복종은 이런 다수 중심의 사회에서 소수가 불평등에 저항하는 운동들이었다. 마틴 루서 킹Martin Luther King이 이끈 것으로 유명한 미국의 몽고메리 버스 보이콧 운동의 경우 인종분리정책에 대한 저항이었다.[18] 마틴 루서 킹은 이 보이콧 때문에 버스 영업을 방해한 죄로 기소되었다. 다른 흑인들도 자발적으로 경찰에 출석하여 체포되었다. 이 사건은 미국 전역과 해외로 기사화되었다. 보이콧 참여자들은 유죄선고를 받았지만, 중요한 것은 그 과정이었다. 그전까지 막연히 분리체제가 공평하다고 믿던 사람들이 법정 공방을 통해 인종분리정책의 실체를 알게 되었기 때문이다.[19]

몽고메리 버스의 분리정책은 결국 법정에서 위헌 판결이 내려지면서 보이콧의 승리로 끝났다.[20] 많은 백인들이 인종분리정책이 사라지는 변화를 받아들였다. 하지만 일부 백인들은 계속 거칠게 반대했다. "흑인 뒤에 앉느니 차라리 죽어서 지옥에 가겠다"며 버스의 뒤편 의자에 앉기를 거부했다.[21] 버스에서 내리는 10대 흑인을 폭행하고, 버스를 향해 총을 쏘는 일도 있었다.[22]

백인의 입장에서는 아마도 이 모든 '갈등'이 흑인의 불법적인 보이콧 때문에 생겼다고 생각했을지도 모른다. 버스 회사에 '피해'를 입힌 범법자라고 생각하며 이런 방식의 시위를 인정할 수 없다고 여길 수 있다. 이 장의 앞에서 언급한 지하철 시위는 범법행위도 아니었고 단순히 지하철을 타고 내리는 행위였음에도 불구하고 승객들의 반응은 매서웠다. 시위하는 장애인들에게 "지들 때매 피해 본 사람이 몇만명이야!"라고 비난하고, 심지어 "누가 죽으래?" "누

가 장애인 되래?"라며 막말을 했다.[23]

　바로 이런 다수자의 불관용 때문에 소수자가 다른 효과적인 소통의 통로를 갖지 못하고 시민 불복종에 기대게 되는 것이 아닐까? 롤스는 이렇게 말한다. "만일 정당한 시민 불복종이 시민의 화합을 위협하는 것으로 보일 경우, 그 책임은 항거하는 사람들에게 있는 것이 아니라 이러한 반대가 정당화되게끔 권위와 권력을 남용한 사람들에게 있다."[24] 소수자의 '말 걸기'에 다수자가 어떻게 화답하느냐에 상황은 크게 달라질 수 있다. 시위를 비난할 수도 있지만, 그 이야기에 귀를 기울이고 시위에 동참해 함께 변화를 요구할 수도 있다. 당신이라면 어떻게 화답하겠는가?

세상은 아직 충분히 정의롭지 않다

　멜빈 러너Melvin Lerner는 사람들이 **공정세계 가설**just-world hypothesis을 품고 산다고 말한다.[25] 세상은 공명정대하고 사람은 누구나 열심히 한 만큼 결실을 맺는다고 믿는 것이다. 그렇게 믿는 이유는 그래야 살 수 있기 때문이다. 세상이 공정하다고 믿어야 장기적인 목표를 세우고 앞으로의 삶을 계획할 수 있다. 평범한 일상을 유지하기 위해서라도 이 믿음은 필요하다.[26]

　문제는 부정의한 상황을 보고도 이 가설을 수정하지 않으려 할 때 생긴다.[27] 세상이 언제나 공명정대하다는 생각을 바꾸는 대신 '피해자를 비난'하는 방향으로 상황을 왜곡하여 이해하기 시작한다. 세상이 잘못된 것이 아니라 불행한 상황에 처한 피해자가 안 좋은 특성을 가지고 있거나 잘못된 행동을 했기에 그런 일을 겪었다고 생각하는 것이다.[28] 공정한 세상에서 살고 있다는 바로 그 믿음 때문에 오히려 세상을 공정하게 만들지 못하는 모순이 생긴다.

그러니 세상이 공정하다고 믿는, 혹은 그렇게 믿고 싶어하는 사람에게 세상이 부정의하다고 외치는 사람의 목소리는 잘 들리지 않는다. 대신 비난의 화살은 부정의를 외치는 그 사람에게 돌아간다. 그에게 뭔가 잘못이 있을 것이라고 생각한다. 이런 상황은 꽤 자주 있다. 왕따나 괴롭힘, 성폭력, 가정폭력 사건 등 수많은 사건들에서 우리는 종종 피해자를 먼저 의심한다. 차별에서도 마찬가지다. 차별의 부당함을 보기보다 차별의 부당함을 외치는 소수자의 흠을 찾고 비난한다. 그렇게 차별은 계속되고 세상은 변하지 않는다.

자신이 이미 소수자를 위해 혹은 사회정의를 위해 일하고 있다고 생각하는 사람들도 마찬가지의 착각으로 차별을 견고하게 만들 수 있다. 2016년 6월에 있었던 한가지 사건으로 이런 고민을 나누며 이 장을 마무리하고자 한다. 전 세계의 사회복지 학자와 현장 활동가들이 모인 세계사회복지대회라는 대규모 행사에서 있었던 일이다.

서울 코엑스 컨벤션센터에서 열린 이 행사에는 규모에 걸맞게 개막식에 보건복지부 장관이 참석해 축사를 하고 있었다. 그런데 축사 도중, 장애인 활동가 10여명이 보건복지부 장관을 향해 "장애등급제를 폐지하라!"고 외치며 기습시위를 했다. 휠체어에 탄 활동가들이 보건복지부 장관이 축사를 하고 있는 단상으로 올라가려고 하자, 경호원들은 활동가들의 사지를 들어 휠체어에서 분리하고 행사장 밖으로 끌어냈다.[29]

하필 이 행사의 주제는 '인간의 존엄과 가치 증진'이었다. 그 자리는 사회적 약자를 옹호하고 사회정의를 위해 활동하는 (적어도 그렇게 기대되는) 사회복지 전문가들로 가득 차 있었다. 하지만 활동가들을 그렇게 강제로 끌어내고 축사는 계속되었다. 그 자리에서 이 상황을 지켜본 사람들은 어떤 생각을 하고 있었을까? 행사장의 기습시위를 보는 그 순간, 비난은 누구에게 향했을까? 시위를 하는 사람들의 이야기를 들으려 했을까? 누군가는 속으로 그들의 시위 방식을 탓하며 저런 방법은 효과적이지 않다고 훈계하고 있지 않았을까?

이 행사에서 중요한 변화를 만든 이들은 해외에서 온 사회복지사들이었다. 휠체어를 탄 장애인들이 무참하게 끌려 나가는 모습을 보고 해외 사회복지사들이 무슨 일인지 질문하기 시작했다. 활동가들은 장애등급제와 부양의무제의 문제점을 지적하고 그 폐지를 요구하며 광화문 광장에서 당시 1,408일째 농성하고 있는 상황을 알렸다. 노르웨이 사회복지사 캐더린씨는 "시위하러 올라온 사람들에게 몇분이라도 이야기할 수 있는 시간을 줬어야 했다"며 주최 측을 비판했다.[30]

결국 세계사회복지대회 의장은 강제진압에 대해 공식 사과를 했다. 장애인 활동가들은 폐막식에서 10분 동안 공식적으로 발언할 기회를 가지게 되었다. 폐막식 연설에 나선 박경석 장애등급제-부양의무제 폐지 공동행동 대표는 "인간의 존엄과 가치를 지키기 위해 우리는 행동해야 한다. 사회복지사들이 행동해서 이 사회를 바꿔나갔으면 좋겠다"고 요청했다.[31]

모두에게 표현의 자유가 있다고 말하지만, 실제로 다수자와 소수자의 자유는 같지 않다. 존 스튜어트 밀John Stuart Mill이 『자유론』에서 지적하듯, 다수자는 소수자의 의견을 거침없이 공격할 수 있다.[32] 반면 소수자는 "부자연스러울 정도로 표현을 순화하고, 상대방에게 불필요한 자극을 주지 않도록 극도로 세심한 주의"를 기울이도록 요구된다.[33] 다수자는 소수자의 이야기를 듣지 않으면서 잘 말하라고 요구한다. 그렇게 사실상 침묵을 강요한다.

누군가의 말처럼, 정의는 누구를 비난해야 하는지 아는 것이다.[34] 누가 혹은 무엇이 변해야 하는지 정확히 알아야 한다는 말이다. 세상은 아직 충분히 정의롭지 않고, 부정의를 말하는 사람들의 이야기는 여전히 유효하다.

9장

모두를 위한 평등

모두를 위한 화장실

영화 「히든피겨스」(2016)에는 주인공 캐서린 존슨(타라지 P. 헨슨) 이 비를 맞으며 화장실로 달려가는 장면이 나온다. 흑인 여성 전용 화장실을 가려면 건물 밖으로 나와 다른 건물을 향해 800미터를 가 야 했다. 1960년대 초반 당시 미국에서는 여성용과 남성용 화장실 을 구분하는 것에 더해 백인용과 유색인용 화장실을 구분해야 했 으니, 적어도 4개의 화장실이 필요했다. 이 영화 속 주인공이 일하 는 건물에는 4개의 화장실이 모두 설치되어 있지 않았고, 그래서 캐서린은 본인이 사용 가능한 화장실을 찾아 다른 건물로 뛰어가 야 했다.

화장실은 그 사회의 평등수준을 가늠하게 하는 꽤 훌륭한 척도다. 온갖 개인적 특징이나 재산, 지위고하를 막론하고 화장실은 단지 인간이라는 이유로 모든 사람에게 꼭 필요한 공간이기 때문이다. 모든 사람이 반드시 적어도 하루에 몇번씩 가야만 하는 공간이 어떻게 설계되고 분배되어 있는지를 보면 사회가 사람들을 어떻게 구분하고 있으며 누가 주류이고 누가 배제되어 있는지 알 수 있다.

1990년대 초반 내가 대학을 다닐 때를 기억해보면, 학과 건물에 여자 화장실이 격층으로 설치되어 있었다. 남자 화장실이 층마다 있었던 것과 달랐다. 다행히 캐서린처럼 다른 건물로 뛰어가야 하는 정도는 아니었지만 계단을 오르내리면서 불평했던 기억이 생생하다. 그때는 학과에 여성이 적기 때문이니 어쩔 수 없다고 생각했는데, 돌아보면 여성이 적고 그래서 화장실이 적게 필요한 것 자체가 그 공간의 평등수준을 보여주는 것이기도 했다.

그렇다면 모두가 평등한 사회에서 화장실은 어떤 모습일까? 우선 화장실이 실제로 이용 가능하려면 몇가지 조건이 필요하다. 화장실이 충분히 가까워야 하고, 진입이 쉬워야 하며, 화장실 안에서 용변과 손 세척이 가능하고, 이 과정이 수치감, 불안감이나 위험 없이 안전하고 편안해야 한다. 이런 조건으로 모든 사람이 화장실을 이용할 수 있으려면, 우리에게는 몇가지의 화장실이 필요할까?

오늘날 익숙한 공중 화장실은 남성용과 여성용을 별도로 갖춘 모습이다. 화장실이 성별로 분리된 역사는 꽤 오래전으로 거슬러 올라가며 그 이유가 무엇이었는지는 논쟁이 있다. 연구자에 따라

18세기 프랑스 파리에서 상류 계급의 품위를 표시하기 위한 목적으로 처음 설치되었다고도 하고,[1] 19세기 후반 산업혁명 시대에 일터로 나온 여성을 전통적 성역할 관념에 따라 남성과 공간적으로 분리시킨 것이라는 주장도 있다.[2] 당시 성희롱과 성폭력으로부터 여성을 보호하기 위한 초창기의 법적 조치로서 남녀 화장실이 분리되었다고도 한다.[3]

그 다음으로 장애인 화장실이 설치되기 시작했다. 기존의 화장실은 휠체어를 사용하거나 거동이 불편한 사람들에게 적합하지 않았다. 그래서 휠체어가 들어갈 수 있게 공간을 넓게 만들고, 용변기에 앉고 일어설 때 지지할 수 있도록 안전대를 설치했다. 휠체어에 앉아서 이용할 수 있게 손 세척대와 거울의 높이를 조절했다. 밀고 당기는 문 대신 자동문을 설치해 휠체어가 쉽게 문을 통과할 수 있도록 만들기도 했다. 장애인 화장실은 노인과 유아, 임산부를 위한 공간으로도 설치되었다.

그런데 초기에 많은 건물과 시설에서 장애인용 화장실을 남녀 공용으로 한개만 설치하면서 문제가 생겼다. 남녀공용 화장실은 불편하고 불안하기도 했고, "장애인을 사회적으로 무성적인 존재로 여기는 것"이니 성별을 구분해 화장실을 설치하라는 요구가 일었다.[4] 여성용 화장실과 남성용 화장실 외에 여성 장애인용 화장실과 남성 장애인용 화장실을 설치했다. 성별과 장애의 조건에 맞추기 위해 화장실은 최소 4개가 필요하게 되었다.

하지만 문제는 여기서 끝나지 않는다. 남녀로 분리된 화장실을 사실상 이용할 수 없는 사람들이 있기 때문이다. 예를 들어 트랜스젠더 여성의 경우, 여자 화장실에서는 사람들이 남자라고 생각해 무서워하고 거부한다. 반면 남자 화장실에서는 여성스러운 외모 때문에 본인이 성폭력의 두려움을 겪는다. 트랜스젠더와 인터섹스, 성별의 전형에서 벗어난 외모를 가진 사람들에게는 성별이분법적인 화장실이 안전하지도 편안하지도 않다.

그럼 이제 화장실을 어떻게 설계해야 할까? 모든 화장실이 남녀로 분리된 상황은 트랜스젠더에게 일상적으로 고통을 준다. 그러니 성별 구분이 없는 화장실이 필요하다. 하지만 최근 여성들은 남녀 분리 화장실을 더 강력하게 요구하고 있다. 2016년 강남역 인근 건물의 남녀공용화장실에서 살인사건이 발생하고, 공공화장실에 카메라를 설치해 불법촬영을 하는 사건 등이 불거지면서, 화장실에 대한 공포가 말할 수 없이 커졌기 때문이다. 상충되어 보이는 이 논쟁들 속에서 모두에게 평등한 화장실을 만드는 건 과연 가능한 일일까?

다양성을 포함한 보편성

사람은 누구나 화장실을 가야 한다. 모든 사람이 평등하다면, 사람으로서 누구나 가야 하는 화장실이 정말로 누구나 갈 수 있게끔 마련되어야 한다. 그런데 이 단순한 인간의 '보편성'이 실제 사람들의 '다양성'을 만나면서 복잡해진다. 이때 어차피 모두를 만족시킬 수는 없다고 결론을 지어야 할까? 차별이 있기는 하지만 완전한 해결은 불가능하다는 체념을 현실 인식으로 받아들여야 하는 것일까? 평등은 도대체 어떻게 실현될 수 있는 것일까?

화장실 논쟁의 시작은 보편적인 인간을 범주로 구분하는 사회적 작용에 있다. 누군가는 범주를 없애야 한다고 주장한다. 영화 「히든피겨스」의 화장실에서 사용된 인종 범주는 없어져야 하는 구분이었다. 백인용과 유색인용 화장실 분리는 백인이 흑인을 배제하려는 의도가 있는 분명한 차별이었다. 더 근본적으로 사람을 인종으로 구분할 수 있다고 생각하는 관념 자체에 문제가 있었다.

인종주의racism는 사람이 생물학적으로 여러 인종으로 구분될 수 있고, 그러한 구분이 신체적·지적·도덕적인 우열로 이어진다는 믿음 또는 그러한 행동을 뜻한다.[5] 하지만 20세기에 들어서 인종을 결정하는 생물학적 요소는 없고, 인종이란 사회에서 임의로 발명된 사회적 구성social construct의 산물일 뿐이라는 것이 밝혀졌다.[6] 당연히 인종에 따라 결정되는 신체적·성격적 특징이나 도덕적 품성 따위는 없으며 인종 간에 우열이 있을 수 없다.

성별은 어떤가? 여성과 남성 사이에는 신체적 차이가 있기는 하지만 여성 혹은 남성의 이분법적인 구분으로는 모든 사람을 포괄

할 수 없다. 성염색체, 성호르몬, 성기 등의 특징을 볼 때 남성 또는 여성의 어느 한 성별로 설명할 수 없는, 인터섹스intersex인 사람들이 있다.[7] 출생 당시 신체적으로 규정된 성별과 주관적으로 인식하는 성별이 서로 일치하지 않는, 트랜스젠더인 사람들도 있다.[8] 이들은 이분법적인 성별체계 속에서 어디에도 온전히 속하지 못하게 된다.

인종처럼 어떤 구분은 아예 없애야 한다는 데 동의하고, 또 이분법적인 성별 범주가 불완전하다는 것을 인정한다면, 아예 아무것도 구분하지 않는 것은 어떤가? 차별이 사람을 구분하는 행위에서 시작된다고 하면, 그 해결책으로 모든 구분을 없애는 대안을 상상해볼 수 있다. 이렇게 아예 모든 범주를 없애는 방법으로 평등이 이루어질 수 있을까? 사람은 보편적이면서도 다양한데, 이 두가지 속성은 과연 서로 화합할 수 있는 걸까?

보편성과 다양성 사이의 긴장은 수많은 평등의 쟁점에 깊숙이 깔려 있다. 대표적으로 정부가 실시하는 블라인드 채용은 특정한 구분을 가리는 방식으로 보편성을 추구한다. 2017년 '공공기관 블라인드 채용 가이드라인'에서 설명하듯, 입사지원서의 항목이나 면접 등 채용 과정에서 출신지, 가족관계, 학력, 외모 등을 밝히지 않게 한다. 이런 정보 때문에 "편견이 개입되어 불합리한 차별을 야기"하는 효과를 차단하려는 것이다.[9]

블라인드 채용에서 출신지, 가족관계, 학력, 외모 등의 정보를 가리는 것은 그런 구분으로 사람을 평가하는 것이 정당하지 않다는 원칙에서 출발한다. 실제로 채용과 관련 있고 타당한 기준은 '실력' 그 자체여야 하고, 그러기 위해서 평가하는 사람의 편견 어린 눈을 말 그대로 가리는 것이다. '같은 것을 같게' 취급한다는 이런 **형식적 평등** formal equality은, 모든 사람에게 같은 기준을 똑같이 적용함으로써 세상이 평등해질 것이라고 기대한다.[10]

이 방법은 평등을 실현하는 데 어느 정도나 효과가 있을까? 가령 실력이 뛰어남에도 불구하고 지방 출신이라서 번번이 채용을 거절당한 사람이 있다고 하자. 그에게 블라인드 채용은 매우 중요한 평등 실현의 방법이다. 하지만 실제로 이 방법으로 지방 출신의 채용 기회는 얼마나 높아질까? 정말 다른 사람들과 똑같은 채용 확률을 가지게 될까? 물론 예외적인 경우도 있지만 현실적으로 그러기 어려운 때가 많다. 왜냐하면 평등 실현의 선행 조건인 동등한 '실력'을 갖추는 것부터가 이미 지방 출신이라는 조건으로 인해 어려운 경우가 많기 때문이다.

그래서 **실질적 평등** substantive equality의 중요성이 강조된다. 블라인드 채용은 평가자의 편향을 줄이기 위한 중요한 방법이지만, 개인의 편견만 없앤다고 차별이 해소되지 않는다는 사실을 부인할 수는 없다. 실질적으로 평등을 구현하고자 한다면 모든 사람을 똑같이 대우하는 것만으로는 부족하다. 불평등의 대물림을 끊는 재분배 정책도 필요하고, 소수자에 대한 편견과 낙인과도 싸워야 하며, 개인들의 다양성을 고려한 제도를 만드는 등 다른 조치들이 있어

야 한다.[11]

다시 화장실 쟁점으로 돌아가보자. 가령 지금의 화장실을 누구나 사용할 수 있도록 간판을 '모두를 위한 화장실'로 바꾼다면 어떨까? 성별 분리 때문에 곤란했던 사람들의 화장실 이용은 조금 나아지겠지만, 여전히 문제들이 남는다. 간판을 바꾼다고 저절로 장애인 접근권이 향상되지 않는다. 남성용 변기가 설치된 기존 시설을 모두가 함께 이용한다면 상대적으로 여성을 위한 화장실 수가 부족하고 여성의 성범죄 공포도 해결되지 않는다.

그렇기 때문에 보편성과 다양성을 모두 충족시키는 대안이 필요하다. 다양성 없는 보편성은 허상이며 눈속임이 되기 쉽고, 간판만 바꾸어 단 '모두를 위한 화장실'은 한계가 있을 수밖에 없다. 실질적으로 모두에게 편안하고 안전한 화장실이 되려면, 화장실을 이용하는 다양한 사람들이 모두 고려되어야 한다. 그런 모습의 화장실은 새로 설계해야 하고 그러려면 연구가 필요하다. 다양성을 모두 '포함'하는 보편성을 찾아야 한다.

세계적으로 이미 실험은 시작되었다. 유럽과 미국 등지에서는 '모든 젠더 화장실'all-gender restroom을 만들어 사용하고 있다. 트랜스젠더나 젠더규범에 부합하지 않는 외양을 가진 사람들, 보호자와 피보호자가 서로 다른 성별인 경우 등 다양한 조건에서 화장실의 접근 가능성을 높였다. 그냥 간판만 바꾼 건 아니었다. 새로운 설계들이 등장했다. 화장실 칸을 위아래가 뚫린 칸막이로 구분하는 대신 별도의 방으로 설계하여 사생활을 보호하고, 세면대를 화장실 칸 안에도 설치해 개별적으로 사용할 수 있도록 했다.[12]

2017년 내가 덴마크 코펜하겐을 갔을 때 이미 코펜하겐대학을 비롯한 여러 공공시설에 '모든 젠더 화장실'이 일상화되어 있었다. 한국에서도 이런 변화가 가능할까? 여성, 트랜스젠더, 장애인, 노인, 아동 등 누구든 안전하고 편안하게 화장실을 이용할 권리를 누리도록 보장하기 위한 아이디어를 고민하고 실행해내면 좋겠다.

화장실을 둘러싼 차별의 문제는 단지 시설의 문제만은 아니다. "화장실에 갈 시간이 없다"는 이야기는 판매직노동자, 운전기사, 병원노동자, 콜센터상담사, 택배기사 등 노동 현장의 곳곳에서 터져 나온다.[13] '모두를 위한 화장실'은 관념 속의 평등을 현실로 구현하는 매우 구체적인 인권 프로젝트이다. '다양성을 포함하는 보편성'을 만들기 위한 이 창의적인 프로젝트를 위해 우리는 함께 토론하고 연구해야 한다.

차이의 인정

얼마 전까지만 해도 우리에게 조금 더 익숙한 평등의 의미는 분배에 관한 것이었다. '불평등'이란 주로 경제적 불평등을 의미했고, 학자들은 사회가 공동으로 창출한 부와 자원을 구성원들에게 재분배하는 이론과 제도를 발전시키는 데 관심을 가졌다. 최소한 누구나 생계를 보장받고 기본적인 교육과 의료서비스를 받으며 인간답게 살 수 있도록 사회보장제도를 구축하고 발전시켜왔다.

그런데 경제적 불평등은 특정 집단을 열등하게 여기는 문화적 규범에서 기인하는 것이기도 했다. **인정의 정치**politics of recognition는 이런 불인정과 무시에 집단적으로 대항하는 평등주의 운동으로 등장했다. '내 존재를 인정하라'고 외치며 사회적 편견과 모욕에 저항하고, 존엄한 인간으로서의 동등한 대우와 존중을 요구했다. 자원의 평등을 위한 물질적 분배 요구와 함께, 추상적으로 보이는 사회적 관계와 문화의 변혁을 요구하는 시대가 되었다.[14]

낸시 프레이저Nancy Fraser는 "경제 부정의와 문화 부정의는 통상서로 비늘처럼 얽혀 있으므로 하나가 다른 하나를 변증법적으로 강화할 수 있다"고 말한다.[15] 사회적으로 무시당하는 사람은 경제적 기회를 얻지 못하고, 그 결과로 다시 무시당하고 배제된다. 이악순환을 프레이저는 다음과 같이 설명한다.

가령 불공정하게 어떤 것에 편견을 갖는 문화적 규범들은 국가와 경제 속에 제도화되어 있으며, 동시에 경제적 불이익은 공적 영역과 일상에서의 문화 만들기에 동등하게 참여하는 것을 방해한다. 그 결과는 종종 문화적 종속과 경제적 종속의 악순환이다.[16]

아이러니하게도 한국에서는 차별금지법 제정 시도가 성소수자에 대한 사회적 불인정을 공개적으로 드러나게 만든 촉발제가 되었고, 성소수자는 그에 대한 저항으로 인정의 정치 또는 정체성 정치politics of identity에 나서게 되었다. 성소수자가 경험하는 고용차별, 의료접근권, 사회보장권 등 구체적인 기회와 자원에 관계된 산적한 사안들이 있지만, 이 모든 싸움의 최전선에는 성소수자를 '있는 그대로' 동등한 사람으로 인정하라는 요구가 있었다. 인정이 모든 것의 시작이기 때문이었다.

인정은 단순히 사람이라는 보편성에 대한 인정이 아니라 사람이 다양하다는 것, 즉 차이에 대한 인정을 포함한다. 집단의 차이를 무시하는 '중립'적인 접근은 일부 집단에 대한 배제를 지속시킨다. '중립'이라고 가장된 입장은 사실 주류 집단을 정상으로 상정하고 다른 집단을 일탈로 규정하며 억압하는 편향된 기준이기 때문이다.[17] 아이리스 매리언 영Iris Marion Young이 말하는 **차이의 정치**politics of difference는 이렇게 '중립성'으로 은폐된 배제와 억압의 기제에 도전하기 위해 '차이'를 강조한다.[18]

평등을 위해 차이를 강조한다니, 얼핏 모순된 주장으로 보일 수 있다. 사람이 '동등'하다는 평등을 말하기 위해 '차이'를 말하는 건, 형식적 평등의 관점에서는 이해되지 않는다. 여성을 차별하지 말라면서 여성의 차이를 말하고 여성정책을 만드는 것이 모순되어 보인다. 성소수자, 이주민 등 특정 집단의 권리를 주장하면, 그건 평등이 아니라 우대를 요구하는 거라고 생각한다.

만일 모든 구분이 자의적이고 편견에 의한 것이라면, 오히려 그 구분을 없애야 맞는 접근이 아니냐고 질문할 수 있다. '흑인은 백인과 다르지 않다'는 주장은 받아들일 수 있지만, "흑인의 생명은 소중하다"Black Lives Matter는 구호는 인종의 분리를 강화하는 배타적인 구호처럼 느낀다. 이 운동을 비판하며 나온 구호가 "모든 생명은 소중하다"All Lives Matter였던 사실은, '보편성'이 때로 차별을 은폐하는 억압의 기제로 사용될 수 있음을 단적으로 보여준다. 후자의 구호는 사실상 흑인이 경험하는 차별이 드러나지 않게 억누르는 효과가 있기 때문이었다.[19]

소수자가 차이를 강조하는 이유는 그렇게 함으로써 억압된 상태에서 해방되어 가시적인 정치적 주체로서 목소리를 내고 실질적 평등을 쟁취하려는 의도이다. 그럼에도 불구하고 차이를 강조하는 접근은 기존의 분리된 체제와 낙인을 심화시키거나 유지시킬 위험이 내재되어 있다. 예컨대 장애인을 위한 정책은 장애인에게 불리한 사회구조를 보완하는 기회와 자원을 제공하겠지만, 동시에 장애인이 사회의 지원을 받는 열등한 수급자라는 집단적 낙인을 만들 수도 있다. 집단의 차이를 강조할수록 차별이 고착될 것 같기도 한 '차이의 딜레마'를 어떻게 해결해야 할까?

아이리스 영은 '차이'라는 단어의 용례에 주목한다. '다르다'는 말은 모든 사람에게 공평하게 사용되지 않는다. 배제되고 억압된 사람들만이 '다르다'고 지칭되고, 주류인 사람들은 중립적으로 여겨진다.[20] '중립'의 사람들에게는 수많은 가능성이 펼쳐져 있지만, '다른' 사람들에게는 몇가지의 정해진 가능성이 있을 뿐이다.[21] 결국 '다르다'는 말은 '서로 다르다'는 상대적인 의미가 아니라 절대적으로 고정된 특정 집단을 의미한다.[22] 그리하여 '차이'가 낙인과 억압의 기제로 생성되는 것이다.

마치 한국사회에서 '다문화'라는 말이 모든 사람이 다양한 문화를 가졌다는 뜻이 아니라, 문화적 소수자만을 지칭하는 용어로 사용되는 것처럼 말이다(6장 참조). 이때의 차이란 주류 집단인 '한국인'을 기준점으로 삼아서 다르다는 것으로서, 사실상 '정상'에서 벗어난다는 의미를 내포한다. 다양성을 강조하는 말로 종종 사용되는 "다름은 틀림이 아니다"라는 흔한 구호도, 여기서 '다름'이 주류 집단의 기준에서 '일탈'된 무언가를 지칭하고 있다면 그 자체로 '틀림'을 전제하는 형용모순이 된다.

아이리스 영은 억압적 의미를 가지는 '차이'를 재정의해야 한다고 말한다. "주류 집단의 입장을 보편적이라고 보면서 비주류만을 다르다고 표기하는 것이 아니라, 차이를 관계적으로 이해해 상대화하는 것"이다.[23] 여성이 다르듯 남성이 다르고, 장애인이 다르듯 비장애인이 다르다고 보는 상대적인 관점이다. 따라서 차이는 본질적으로 고정된 것이 아니라 맥락에 따라 유동적이다.[24] 휠체어를 탄 사람은 '언제나' 차이가 있는 것이 아니라, 운동경기와 같은 특정 맥락에서 차이가 있더라도 다른 맥락에서는 차이가 없어진다.[25]

이런 긴 논의는 결국은 식상할 정도로 당연한, 하지만 그래서 더 어려운 결론으로 이어진다. 우리는 모두 같기도 하고 다르기도 하다. 우리를 본질적으로 가르는 차이란 없다는 점에서 우리는 사람으로서 보편성을 공유하지만, 세상에 차별이 있는 한 차이는 실재하고 우리는 그 차이에 대해 이야기해야 한다.

평등한 사회의 시민이 된다는 것

차별에 관한 사회적 관심이 증대되고 특정 집단에 대한 비하 발언을 비난하는 목소리가 증가하면서, '정치적 올바름'political correctness을 요구하는 것에 대한 부담을 호소하는 주장이 나타나기 시작했다. 한 방송인은 정치적 올바름을 요구하는 사람들의 '과도한 예민함'을 비꼬는 영상을 만들어 논란이 되기도 했다. 미국에서는 정치적 올바름이 일종의 자기검열로서 학문적 논의를 방해한다는 주장도 제기되었다. 혐오발언에 대한 규제가 표현의 자유를 과도하게 제한한다는 주장과 맞닿아 있는 논쟁이다.[26]

단순히 몇가지 말이나 행동이 사라지는 것으로 뿌리 깊은 차별의 문제가 온전히 해결될 수 없으리라는 전망을 보여주는 현상이기도 하다. 이 책에서 지금까지 논의한 것처럼, 차별이 구조화된 사회에서는 개인이 행하는 차별 역시 관습적이고 무의식적으로 이루어지는 경우가 많다. 그러니 어떤 말이나 행동이 차별이 되는지 그 행위를 하는 입장에서는 인식하지 못할 수가 있다. 이런 인식의 한계에도 불구하고 바른 말과 행동을 해야 한다는 사실이 부담스러운 건 당연한 반응일 것이다.

이제 이 심리적 부담을 어떻게 해결할 것인지에 따라 상황은 크게 바뀐다. 부담을 준 사람을 탓할 것인지, 아니면 그 부담을 나의 책임으로 받아들일 것인지 선택해야 한다. '정치적 올바름'에 반발하는 사람들은 차별에 관한 논의가 과도하고 부당하다고 느낀다. 그래서 평등의 이름으로 다가오는 변화에 불편한 마음이 앞선다. 그런데 정말 평등을 위해 감당해야 할 변화가 현재의 불평등보다 더 부담스럽고 불편한 걸까? 다른 말로, 현재의 불평등은 우리에게 편안한가?

불평등한 사회에서의 삶은 자신의 지위에 따라 크게 달라진다. 이런 사회에서는 지위의 유동성에 따라 개인의 만족감이 달라진다. 불평등이 있더라도 높은 지위에 오를 수 있는 '기회'가 있다면 사람들은 안심한다. 하지만 그 편안한 지위에 오르기 위해 평생에 걸쳐 쏟는 수고로움은 이루 말할 수 없다. "억울하면 성공해!"라는 흔한 말처럼, 열등한 지위에서 겪어야 하는 모욕과 무시를 피하기 위해 타인의 인정이 따라올 것이라 예상되는 성취들을 최소한이라도 확보하고자 한다.

불평등한 사회가 주는 삶의 고단함이다. 어느 정도의 지위에 올라가야 정말 모든 사람의 인정을 받아 만족스러운 상태가 될지도 알 수 없다. 결국 일정 지위에 올라간 사람들은 남들보다 더 인정받고 다른 사람을 무시하려는 동기를 가지며, 이는 매우 불행한 결과를 가져온다. 학식과 경험이 많으며 사회 변화를 이끌어가도록 책임을 맡은 사람들이 평등한 사회를 만드는 데 가장 큰 저항 세력으로 등장하기 때문이다.

더군다나 지위의 유동성을 가로막는 조건들, 예컨대 성별, 인종, 민족, 장애, 성적지향, 성별정체성 등과 같은 인적 특징들은 기본적으로 불평등을 고착시키는 요소가 된다. 이를 만회하기 위해 다른 능력을 남들보다 더 많이 키우라는 요구를 받는다. 여자라서, 이주민이라서, 장애인이라서, 성소수자라서 남들보다 더 많이 노력하라는 요구를 받는다.[27] 개인의 불굴의 노력으로 그 불리함을 '극복'한 성공신화를 칭송한다.

불평등한 사회가 고단한 이유는 구조적 문제를 개인의 노력으로 해결하도록 부당하게 종용하기 때문이다. 불평등이라는 사회적 부정의에 대한 책임을, 차별을 당하는 개인에게 지우는 것이다.[28] 그래서 삶이 불안하다. 아프거나 실패하거나 어떤 이유로건 소수자의 위치에 놓이지 않도록 끊임없이 조심해야 한다. 원치 않게 소수자의 위치에 놓였을 때 그 사실을 부정하며 고통을 감내하느라 많은 시간을 보내야 한다.

사회가 하나의 기준을 정하고 개인을 그 기준에 맞추는 이 동화주의 경향은 자유에 대한 근본적 침탈이 된다.[29] 존 스튜어트 밀은 1859년에 발표한 『자유론』에서 이렇게 경고한다.

우리 삶이 획일적인 하나의 형태로 거의 굳어진 뒤에야 그것을 뒤집으려 하면, 그때는 불경(不敬)이니 비도덕적이니, 심지어 자연에 반하는 괴물과도 같다는 등 온갖 비난과 공격을 감수해야 한다. 사람들은 잠시만 다양성과 벽을 쌓고 살아도 순식간에 그 중요성을 잊어버리게 되기 때문이다.[30] (원문의 강조는 생략)

밀이 우려했듯 이미 우리의 삶은 상당히 획일적인 형태로 굳어져 있다. 그러니 우리는 선택해야 한다. 불평등한 세상을 유지하기 위한 수고를 계속할 것인가? 아니면 평등한 세상을 만드는 불편함을 견딜 것인가? 이 선택은 단순히 개인의 수고로움이나 불편에 관한 것이 아니라, 어떤 사회를 만들 것인가에 대한 공동의 가치와 지향에 관한 것이다. 우리가 정말 평등한 사회를 만들고자 하는가에 대한 결정을 내려야 한다.

차별을 둘러싼 긴장들은 '내가 차별을 하는 사람이 아니면 좋겠다'는 강렬한 욕망 혹은 희망을 깔고 있다. 정말 결정해야 하는 것은, 그럼에도 불구하고 세상의 불평등과 차별을 직시할 용기가 있느냐는 것이다. 차별에 민감하거나 둔감할 수 있는 자신의 위치를 인식하며, 너무나도 익숙한 어떤 발언, 행동, 제도가 차별일지도 모른다는 의심으로 세상을 볼 수 있는가? 내가 보지 못한 차별을 누군가가 지적했을 때 방어하고 부인하기보다 겸허한 마음으로 경청하고 성찰할 수 있는가?

차별과 억압이 일상에서 무의식적이고 비의도적인 습관, 농담, 감정, 용어 사용, 고정관념 등으로 이루어지는 경우가 많다는 점을 생각하면, 아이리스 영의 말처럼, 무작정 사람들을 비난하기 어렵다. "그럼에도 불구하고", 영은 말한다. "무의식적이었고 의도하지 않았더라도 억압에 기여한 행동, 행위, 태도에 대해 사람들과 제도는 책임을 질 수 있고 책임을 져야 한다."[31] 여기서 '책임'이란 자신이 "무의식적으로 했던 행동을 성찰하고 습관과 태도를 바꾸어야 할" 책임을 말한다.[32]

그러니 내가 모르고 한 차별에 대해 "그럴 의도가 아니었다" "몰랐다" "네가 예민하다"는 방어보다는, 더 잘 알기 위해 노력을 기울였어야 했는데 미처 생각지 못했다는 성찰의 계기로 삼자고 제안한다. 서로 다른 위치에 있는 우리들은 서로에게 차별의 경험을 이야기해주고 경청함으로써 은폐되거나 익숙해져서 보이지 않는 불평등을 감지하고 싸울 수 있다. 우리가 생애에 걸쳐 애쓰고 연마해야 할 내용을 '차별받지 않기 위한 노력'에서 '차별하지 않기 위한 노력'으로 옮기는 것이다.

이 모든 변화가 시민들의 자발적인 노력을 통해 일종의 문화혁명으로 이루어질 수도 있다. 평등한 사회를 만드는 책임 있는 시민으로 살아가는 법을 시민운동을 통해 배우는 것이다. 하지만 평등의 가치가 공동체의 원칙으로 천명되고 새로운 질서가 우리 사회 곳곳에 뿌리내리도록 하기 위해 법과 제도 역시 필요하다. 일상의 성찰과 함께 평등의 실현을 위한 법과 제도에 관한 논의가 필요하다.

이 모든 일은 평등이라는 원칙을 기준으로 새로운 질서를 만드는 일이다. 인류는 계속해서 공동체의 운영규칙을 만들고 집행함으로써 개인의 자유와 존엄성을 보장하는 제도를 구축해왔다. 우리가 동료 시민의 존엄성과 평등을 해치는 폭력에 대해 단호하게 거부하는 태도를 보이듯이, 차별에 대해서도 단호하게 거부하는 규칙을 만들고 따르기로 약속할 수 있고, 그렇게 해야 한다.

누가 이 평등을 향한 운동에 동참할 수 있을까? 모두가 동참하리라고 기대할 수는 없을 것이다. 아무런 저항 없이 평등이 진보한 역사는 없으니 말이다. 하지만 누군가는 자신의 위치나 지위에 관계없이 정의의 편에 섰고 소수자에게 연대의 손을 내밀었다. 결국은 우리 모두가 소수자이며 "우리는 연결될수록 강하다"는 정신이 세상을 변화시켜왔다.[33] 당신이 있는 자리에서 당신은 어떤 선택을 하겠는가?

10장

차별금지법에 대하여

차별금지법이라는 해법

이 책을 쓰고 있는 지금, 차별금지법은 미완의 법이다. 차별금지법이란 이름의 시작은 2007년이었다. 법무부가 제정을 시도했던 차별금지법안은 총 35조로 구성되어 있었고 내용은 간단했다.[1] 차별을 하면 안 된다는 원칙을 정하고, 차별에 관한 국가정책 계획을 수립하고, 영역별로 차별의 유형을 구체화하고, 차별로 인한 피해자가 소송을 제기하여 차별을 시정하거나 손해배상을 받을 수 있도록 하는 내용을 담고 있었다. 이 법안도, 이후 몇번의 유사한 차별금지법안도 모두 제정되지 못했다.[2] 차별금지법 제정을 위한 운동은 여전히 진행 중이다.

아직 차별금지법이 제정되지 않았으니 차별을 해도 괜찮은 걸까? 당연히 그렇지 않다. 이미 헌법 제11조에서 차별을 금지하고 있다. 한국이 당사국으로 가입해 지킬 의무가 있는 국제인권조약들에서도 차별을 금지한다.[3] 평등은 모든 인간의 기본적인 권리이자 민주주의 사회를 움직이는 원칙이며, 누구든지 차별을 받아서는 안 된다는 요구는 현대사회의 근본적인 규범이다.

또 한국에는 국가인권위원회법이 있다. 이미 차별의 피해를 당한 사람들은 국가인권위원회에 사건을 진정할 수 있다. 국가인권위원회는 사건을 접수받아 조사하고, 차별이 있었는지 여부를 판단한다. 그리고 그 결정에 따라 차별을 한 사람이나 기관에 시정권고를 내린다. 차별을 한 사람이나 기관은 국가인권위원회의 권고를 존중하고 이행하기 위한 노력을 해야 한다.[4] 국가인권위원회는 차별의 피해를 입은 사람을 구제하는 중요한 국가기구이다.

이미 헌법에서 차별을 금지하고 있고, 국가인권위원회에서 구제 역할을 하고 있는데 도대체 차별금지법은 왜 필요한 걸까? 여기서 먼저 언급하고 싶은 것은, 차별금지법이 처음 발의된 지 10여년이 지난 지금에 와서는, 차별금지법 제정이 그 자체로 한국사회의 차별철폐 의지를 가늠하는 상징 기표가 되었다는 것이다. 하지만 차별금지법의 상징성을 논의하기 전에 먼저 법적 의미를 살펴보자.

헌법상 기본권이 실현되려면 법령이 필요하다. 가령 헌법 제31조에서 교육받을 권리를 보장하고 있더라도 그 권리가 실제로 보장되기 위해서는 구체적인 제도, 기관, 사람, 절차, 예산 등이 필요하다. 헌법 제24조에서 선거권을 보장하고 있다고 해서 저절로 선거권이 보장되는 것이 아니며, 헌법 제33조에서 근로의 권리를 보장한다고 선언했다고 해서 모든 사람들이 알아서 근로의 권리를 보장하도록 행동하지는 않는다.

헌법 제11조의 평등과 차별금지에 관한 권리도 마찬가지다. 제1항의 "모든 국민은 법 앞에 평등하다. 누구든지 성별·종교 또는 사회적 신분에 의하여 정치적·경제적·사회적·문화적 생활의 모든 영역에 있어서 차별을 받지 아니한다"는 말만으로 저절로 모든 차별이 사라지지 않는다. 차별금지법은 이러한 헌법과 국제인권법의 원칙이 실현되도록 누가 무엇을 어떻게 해야 하는지 법률로써 구체화하는 작업이다.

차별받지 않을 권리를 보장하기 위해 차별금지법은 크게 두가지 접근을 취한다. 하나는 국가가 그 권리를 보장하기 위한 방법을 연구하게 만드는 것이다. 중앙정부, 지방자치단체, 국가인권위원회 등 국가기관이 차별을 근절하기 위한 정책을 세우고 법령과 제도를 개선하게 만든다.

다른 하나는 차별을 하는 사람에게 책임을 지우는 접근이다. 차별을 받지 않으려면 차별을 하는 사람이 없어야 한다. 차별을 하는 사람에게 그 차별행위를 중단하도록 요구해야 하는데 이를 '시정조치'라고 한다. 현행법에서 국가인권위원회는 '권고'밖에 못하므로 차별을 하지 말라고 해도 행위자가 이런저런 이유를 들면서 따르지 않으면 그만이다. 차별금지법은 권고가 아니라 시정하라고 명령하는 조치를 내리고, 만약 행위자가 악의적으로 차별을 해서 손해가 발생했다면 배상의 책임을 물을 수 있게 하는 것까지를 포함한다. 그렇게 하여 실질적인 구제를 보장하며, 그런 조치가 있기 전에 사람들이 애초에 차별행위를 하지 않으려 노력할 동기도 만들어낸다.

하지만 차별이 무엇인지 법이 일일이 나열할 수는 없다. 차별은 통상 불합리하게 누군가를 우대·배제·구별하거나 불리하게 대우하는 행위를 말하지만, 이 책에서 나열한 사례 같은 것들을 일일이 법에서 규정하기는 어렵다. 같은 행위라도 맥락에 따라 의미가 다를 수 있기 때문에 차별에 대한 판단은 상황을 고려한 맥락 안에서 내려져야 한다. 문제는 이 판단을 누가 하느냐 하는 것이다. 차별금지법의 중요한 내용 하나는 그 판단의 역할과 책임을 국가인권위원회나 법원과 같은 독립기구에 맡겨, 개인의 이해관계가 아닌 평등과 차별금지의 원칙에 따라 결정하게 한다는 데 있다.

법이 우리의 모든 일상을 감시하고 감독하는 건 어렵기도 하고 바람직하지도 않다. 그래서 교육, 고용, 서비스와 재화의 이용과 같은 공식적인 부문에서 일어나는 차별이 주로 규제 대상이 된다. 누군가 다른 사람이나 집단을 고의적으로 차별하거나 그렇게 조장하며 선동하는 악의적인 행동을 한다면 이를 규제할 필요가 있을 것이다. 하지만 일상의 미세한 차별적 시선이나 행동은 규제보다는 체계적인 교육으로 바꾸고, 사회 전반을 검토하고 구조적인 차별을 개선할 수 있도록 제도적 골격을 만들어야 할 것이다.

누구도 차별을 '받지' 않는 사회를 만들기 위한 방법에는 수백 가지의 해법이 있겠지만 차별금지법은 그중 하나로 우리가 서로 차별을 '하지' 않게 만들자는 즉각적인 해법이다. 이 해법은 '나도 차별하지 않겠다'는 결단을 포함한다. 그런데 익히 알려져 있듯 이 결단에 동참할 수 없다고 반대하는 사람들이 있다.

어떤 사람들은 차별철폐라는 목적에는 동의하지만 국가가 나설 일인지 의문을 품는다. 대신 자발적인 문화개선을 통해 사회변화를 만들 수 있을 거라고 생각한다. 이상적으로 바람직하며, 법의 제정과 무관하게 근본적인 사회변화를 위해 꼭 필요한 접근이기도 하다. 하지만 이미 차별이 만연한 사회에서 법적 규범이 없이 실질적인 변화가 이루어지리라고 기대하기 어려운 것도 사실이다.

지금까지 차별금지법이 좌절된 실질적인 이유는 일각에서 차별철폐라는 목적 자체를 부정하고 차별금지법 제정을 거세게 반대하고 있기 때문이었다. 즉, 차별을 옹호하는 의견이다. 그동안 일부 보수 기독교계가 차별금지법의 제정을 반대하면서 제시한 주요 논거는 성소수자에 대한 차별이 정당하다는 것이었다. 그 정당함을 주장하기 위해 "동성애는 죄" "동성애는 에이즈의 원인" "피땀 흘려 세운 나라 동성애로 무너진다" 등 성소수자가 사회적인 해악이라는 내용을 조직적이고 공격적으로 선전해왔다.

차별금지법 제정을 막는 데 차별을 정당화하고 조장하는 전략이 사용된 것이다. 성소수자에 대한 사회적 편견과 차별이 공고할수록 차별금지법 제정을 더 반대하게 될 것이므로, 차별금지법을 저지하는 최선의 방법은 차별을 조장하는 것이라는 전략은 꽤 효과가 있었던 것 같다. 적어도 2019년 현재까지 차별금지법은 제정되지 않았으며, 현 정부와 국회가 차별금지법을 제정할지도 요원하니 말이다.

누구도 남겨두지 않는다

누군가는 조심스럽게 이렇게 말한다.

"성소수자에 관한 내용만 빼고 차별금지법을 만들면 안 되나요?"

성소수자를 차별하는 사람들의 격렬한 반대 때문에 차별금지법의 제정이 안 되고 있으니, 다른 차별이라도 해소될 수 있게 '논란'이 되는 부분을 빼고 가자는 의견이다. 바로 이 '논란'을 피하자는 생각에서 2007년 법무부가 발의한 차별금지법안에서 '성적지향'을 비롯해 병력, 출신 국가, 언어, 가족 형태 및 가족상황, 범죄 전력 및 보호처분, 학력이 차별금지사유에서 제외되었다.[5]

2007년 법무부가 처음에 작성한 차별금지법안에서 차별금지 사유로 나열했던 항목들은 언어 외에는 이미 국가인권위원회법에 있는 것들이었다. 나머지 성적지향, 병력, 출신국가, 가족 형태 및 가족상황, 범죄 전력 및 보호처분, 학력은 당시 시행 중이던 국가인권위원회법에 있는 차별금지사유임에도 불구하고 법무부가 이를 제외하고 차별금지법을 발의한 것이었다. 현행 규정이기도 한 국가인권위원회법 제2조 제3호에서 나열하는 차별금지사유를 보자.

성별, 종교, 장애, 나이, 사회적 신분, 출신 지역(출생지, 등록기준지, 성년이 되기 전의 주된 거주지 등을 말한다), 출신 국가, 출신 민족, 용모 등 신체조건, 기혼·미혼·별거·이혼·사별·재혼·사실혼 등 혼인 여부, 임신 또는 출산, 가족 형태 또는 가족상황, 인종, 피부색, 사상 또는 정치적 의견, 형의 효력이 실효된 전과前科, 성적性的지향, 학력, 병력病歷 등

차별금지사유가 많아 보이지만, 사실 건강상태, 직업, 문화, 언어, 국적, 경제적 상황, 유전정보 등 차별이 발견될 때마다 더 추가될 수 있다. 그러니 어차피 '모든' 차별을 금지하면 되는 것 아닌가 하는 의문이 들 법하다. 하지만 이 책에서 논의하였듯이 보편성은 차별을 잘 보이지 않게 만들어 은폐시키기도 한다(9장 참조). 보편적으로 모든 차별을 금지하면서도, 동시에 어떤 차별이 세상에 존재하는지 보이게 만들기 위해 차별금지사유를 명시할 필요가 있다.

특정한 차별금지사유에 관해 별도의 법령을 만들기도 한다. 2007년에 제정된 '장애인차별금지 및 권리구제 등에 관한 법률'의 경우 장애를 이유로 한 차별을 금지하고 차별 피해로부터 구제하는 내용을 담고 있다. '양성평등기본법'은 성별을 이유로 한 차별을 해소하고 평등을 증진하기 위한 각종 국가정책에 관한 내용을 담고 있다. 이런 개별 법령은 각 차별의 구체적인 행태를 반영하여 마련된다.

그럼 특정한 차별금지사유를 '빼는' 건 어떤 의미일까? 어떤 차별이 발견되지 않아 포함하지 못하는 것과, 애초에 차별을 하고자 하는 의도와 목적을 가지고 포함되지 않도록 반대하는 것은 결코 같지 않다. 전자는 모든 차별을 금지하는 원칙에 따라 나중에라도 추가될 수 있는 것이지만, 후자는 모든 차별을 금지한다는 대원칙 자체를 훼손하는 것이기 때문이다.

차별금지법의 기본 목적은 모든 차별을 금지하는 기본원칙과 제도를 세우는 포괄적인 체계를 만들려는 것이다. 모든 차별을 금지하는 것이 법 제정의 목적인 차별금지법에서 고의적으로 '성적지향'은 빼고 제정한다는 건, 그 법의 목적을 훼손하는 것일 뿐만 아니라 입법자에 의한 고의적인 차별행위가 된다. 그렇게 만들어진 차별금지법은 시민단체들의 비판처럼 "차별조장법"이 된다.[6]

차별금지법에 대한 '논란'은 오히려 역설적으로 어떤 차별을 금지해야 할지를 선명하게 보여준다. 사람들이 성소수자 '때문에' 차별금지법을 반대한다면, 성소수자를 차별하는 것이 분명하므로 성적지향과 성별정체성을 이유로 한 차별금지가 필요하다. 사람들이 이주민, 무슬림 '때문에' 차별금지법을 반대한다면, 인종, 민족, 피부색, 출신 국가, 종교 등으로 인한 차별이 존재하는 게 분명하므로 그 차별을 금지해야 한다.

차별금지법에 대해 누군가는 '사회적 합의'가 없기 때문에 제정이 어렵다고 말한다.[7] 이때의 사회적 합의는 적어도 다수결을 뜻하는 것으로 이해된다. 그런데 본질적으로 다수결 제도의 한계에서 발생하는 현상인 차별을 다수결로 해결하려는 것이 의미 있는 해결책이 될 수 있을까?(8장 참조) 차별금지법이 과연 논란 없이 제정될 수는 있는 걸까? 이 책에서 다루었듯이 기존의 불평등한 사회의 질서를 바꾸려고 하는데, '논란'이 없기란 기대하기 어렵다.

물론 하나의 법률로서 차별금지법이 제정되기 위해서는 많은 사람들의 동의가 필요하다. 하지만 그 동의를 이끌어내는 과정이 단순히 이해관계의 경합에서 다수가 승리하는 방식이 되어서는 안 된다. 집단 간의 합의가 아니라 인권과 정의의 원칙이 중심이 되어야 한다. 우리에게 필요한 동의는 평등한 민주주의 사회를 만드는 기본원칙에 대한 것이어야 하지, 누군가를 차별해야 한다는 다수의 주장을 수용해 민주주의를 근본적으로 훼손하는 일이 아니어야 한다.

그러므로 차별금지법의 원칙은 "누구도 남겨두지 않는다"No One

Left Behind는 것이어야 한다. 사실은 애초에 차별금지라는 헌법적 명령을 법제화하려는 공론의 장에서, 그 기본원칙을 거슬러 노골적이고 조직적으로 차별하는 사람의 주장을 받아들이는 것 자체가 오류다. 비교하여 논하자면, 부정청탁을 근절하기 위한 법을 제정할 때 부정청탁을 유지하려는 사람들은 직접적인 규율의 대상이기 때문에 논의에 영향을 미치지 않아야 한다. 이들의 이야기를 듣고 반영하여 법을 훼손하게 두어서는 안 되기 때문이다.

그런데도 정부와 국회가 그 규율의 대상인 차별을 옹호하는 사람들의 이야기에 귀를 기울여온 것이 지금까지 차별금지법이 제정되지 못한 근본적인 원인이다. 사회적 합의가 없기 때문이 아니라, 헌법의 원칙을 따라야 할 국가기관이 그 원칙을 지켜야 할 책임을 다하지 않고 있기 때문이다. 그리고 그 결과 더 많은 사람들이 차별에 동참할수록 책임으로부터 '안전'해짐을 확인시켜주고 있다. 모든 사람이 부정부패에 가담하면 자정이 불가능해지듯 더 많은 사람들이 차별에 동참함으로써 공동체를 잠식하고 있다.

평등을 만들기 위한 적극적인 접근들

차별금지법은 미완의 법이므로 그 내용이 최종적으로 어떻게 정해질지는 사회적 숙고를 거치며 결정될 것이다. 이 책에서 논의했

듯, '같은 것을 같게' 대하는 형식적 평등은 가장 기본적이기는 하지만 충분한 조치가 될 수 없다. 실질적인 평등을 실현하기 위해서는 현실의 불평등한 조건과 다양성이 고려되는 **적극적 조치**affirmative action가 있어야 한다. 적극적 조치란 평등을 실현하기 위해 경우에 따라 불이익을 받는 집단을 위한 특별한 조치가 필요할 때가 있음을 의미한다.[8]

적극적 조치는 차별이 발생하지 않도록 무언가를 '하지 말아야' 하는 것이 아니라 무언가를 '해야' 한다는 뜻이다. 적극적 조치는 특정 집단에 혜택이 돌아가도록 무언가를 한다는 점에서 종종 '우대' 조치로 불리며 오해를 사곤 한다. 그 조치가 없다면 불평등한 상태가 되는 것이기 때문에, 엄밀히 말해 우대라고 할 수 없는데도 말이다.[9]

예컨대 장애인의 평등한 선거권 보장을 위해서는 '하지 말아야 할 것'도 있지만 '해야 할 것'도 있다. 기표소를 계단을 올라야 하는 장소에 배치하지 않아야 하는 건 '하지 말아야 할 것'에 해당한다. '해야 할 것'은 시각장애인을 위해 점자 공보물을 만드는 것, 청각장애인을 위해 선거 관련 방송에 자막을 내보내거나 수어통역자를 두는 것, 지적장애인을 위해 이해하기 쉬운 선거 공보물을 만드는 것 등이다. 이를 위해 예산이 필요하지만 이는 우대가 아니라 평등을 위한 조치다.

적극적 조치가 특정 집단을 한정하여 혜택을 받을 자격을 부여하는 형태로 설계될 때 주로 반대가 일어난다. 그 '혜택'이 금전이나 직업, 교육의 기회 등 다른 사람들도 원하는 것일 때 더 그렇다. 예를 들어 국회의원 비례대표에서 여성의 비율이 50퍼센트 이상이되도록 한 여성할당제를 생각해보자.[10] 비례대표에 한정한 요구이므로 전체 국회의원 중 절반에 한참 못 미치는 비율을 여성에게 할당하는 것임에도 남성을 불리하게 하는 '역차별'이라며 반발이 제기된다.[11]

이런 종류의 적극적 조치는 형식적 평등만으로는 실제로 평등이이루어지지 않기 때문에 도입된다. '누구나 국회의원이 될 수 있다'고 말하는 것만으로는 여성이 국회의원이 되지 못한다. 기존의남성 중심적인 정치권 안에서 여성의 진입 기회는 적고, 여성 국회의원을 상상하지 못하는 유권자들은 남성에게 표를 준다. 그리하여 자연스럽게 여성 국회의원이 일정 수준 확보될 때까지 국가가적극적으로 개입하여 여성 국회의원을 만들어낸다. 마찬가지로 지속적이고 구조적으로 불리한 조건에 있는 집단을 위해 국가가 개입하여 특별한 지원을 하는 경우가 있다.

기업이나 학교가 채택하는 다양성 경영diversity management 도 소수자를 적극적으로 영입하는 성격을 갖는다. 예를 들어 성소수자와 관련해 2017년 기준으로『포춘』Fortune이 선정한 500대 기업 중에 91퍼센트가 성적지향을 이유로 한 차별금지정책을 명시하고, 83퍼센트가 성별정체성을 차별금지정책 속에 명시하고 있다.[12] 구글, 애플,

갭, 나이키, 아디다스 등은 기업 내에서 성소수자에 대한 차별을 금지하는 것에서 나아가, 성소수자의 권리를 지지하는 사회활동에 적극 앞장서기도 한다.[13]

기업이 인종, 민족, 성별, 장애, 종교, 성적지향, 성별정체성, 출신 국가 등에서 다양한 사람들을 포괄하려는 이유는 크게 두가지 측면을 갖는다. 하나는 다양성 경영이 기업의 이윤에 실질적으로 도움이 되기 때문이다. 다양한 배경의 재능 있는 사람들이 기업에 입사해 창의성을 높이게 되고, 직원이 다양하므로 다양한 고객의 수요에 민감하게 반응할 수 있으며, 차별 없는 윤리적인 기업으로서 좋은 평판을 얻어 선순환 구조가 생긴다.[14] 그럼 기업의 입장에서 이윤에 도움이 안 되면 다양성 경영을 폐기할 수도 있다는 뜻일까?

기업이 다양성 경영을 채택하는 또다른 이유는 사회적 책무로서 인권 증진에 기여하기 위해서다. 오늘날 기업은 단순히 영리를 추구하는 조직이 아니라, 사회 구성원의 하나로서 윤리적 책임을 가진 주체로 이해된다. 2000년 세계 기업들이 채택한 유엔 글로벌컴팩트 UN Global Compact는 그러한 의지와 지향을 표현한 것이다. 기업들은 '고용 및 업무에서의 차별 철폐'를 포함해, 인권·노동·환경·반부패에 관한 10대 원칙을 운영에 반영하기 위해 공동의 노력을 하기로 약속했다.[15]

평등을 '제로섬 게임'으로 생각하는 사람들에게는 이런 적극적 조치가 자신의 몫을 빼앗는 것처럼 느껴진다(1장 참조). '당신의 이익은 나의 손실'이며, '당신의 손실은 나의 이익'이라고 생각하는 것이다. 그런데 여성의 권리가 신장되면 남성의 권리가 줄어드는가? 학생의 권리가 신장되면 교사의 권리가 줄어드는가? 성소수자의 권리가 신장되면 비성소수자의 권리가 줄어드는가? 난민을 지원하면 국민에게 손해인가? 정말 그런가? 모두에게 이익이 되는 윈-윈win-win의 가능성은 없는가?

소수자의 이익은 다수자의 피해라는 끝도 없는 논쟁은 오늘날 한국사회에서 평등을 지연시키는 논리로 여기저기에서 사용되고 있다. 이런 구도에서 나에게 유리한 차별은 괜찮고 나에게 불리한 차별은 안 된다는 이해관계만 남는다. 콩 한쪽도 나눠 먹어야 한다던 풍습이나 오병이어의 기적을 이야기하는 종교적 교리는 어디론가 사라지고, 오늘날의 '미풍양속'은 낯선 모습의 누군가를 배척하는 의미로 사용된다.[16]

함께 세상을 살아가는 방법, 공존의 조건으로서 평등의 의미를 생각해보면 좋겠다. 고정된 '옳은' 삶을 규정하지 않는 이 해체의 시대가 버겁고 혼란스러울 수도 있지만, 이는 인류가 지속적으로 갈구하는 자유를 획득하는 과정이기도 하다. 왕족이나 귀족이라는 소수가 누리던 자유를 민중이라는 다수가, 그리고 다음 단계로 사회 바깥에 놓여 있던 모두가 향유하게 될 때까지 세상은 아직 더 변해야 한다.

차별금지법이 제정된다고 해도 이 책의 많은 내용은 여전히 논쟁의 대상이 될 수 있다. 우리는 차별을 없애자는 기본원칙을 채택하기에도 힘겨운 시간을 보내고 있다. 실제로 일상에서 차별이 사라지도록 하려면 앞으로 더 많은 시간을 보내야 할 것이다. 오래전에 법으로 성희롱을 금지했지만 무엇이 성희롱인지 알고 그런 행동을 하지 않기까지 오랜 시간이 걸렸고 여전히 개선 중이다. 그럼에도 불구하고 한국사회는 성희롱을 하지 않겠다는 공동의 결단을 내렸고, 그 방향으로 사회를 진보시키고 있다.

모두가 평등을 바라지만, 선량한 마음만으로 평등이 이루어지지 않는다. 불평등한 세상에서 '선량한 차별주의자'가 되지 않기 위해, 우리에게 익숙한 질서 너머의 세상을 상상해야 한다. 차별금지법의 제정은 그런 의미에서 우리가 어떤 사회를 만들 것인지에 관한 상징이며 선언이다. 단지 법의 제정이라는 결과로서가 아니라, 지난 10여년 동안, 아니 그전부터 차별과 평등에 대해 논쟁하며 고민한 결실로서 내리는 결단일 것이기 때문이다. 차별금지법을 제정할 것인지 여부에 대한 싸움을 끝내고, 이제 어떻게 이 땅에 평등을 실현할 것인지 이야기하자. 한나 아렌트의 말처럼, 우리가 함께 모여 결의할 때 평등은 지금 바로 여기에서 이루어진다.

평등은 그냥 우리에게 주어진 것이 아니다. 평등은 인간 조직이 정의의 원칙에 의해 지배를 받는 한, 그 결과로 나타나는 것이다. 우리는 평등하게 태어나지 않았다. 우리는 상호 간에 동등

한 권리를 보장하겠다는 우리의 결정에 따라 한 집단의 구성원으로서 평등하게 되는 것이다.[17]

우리들

영화 「우리들」(2016)은 초등학교 운동장에서 어린이들이 편을 가르는 장면으로 시작한다. "안 내면 진다 가위바위보"를 하며 팀원을 뽑는 목소리 너머로, 팀원으로 선택당하기를 기다리는 주인공 이선(최수인)의 눈빛이 불안하게 움직인다. 어딘가로 소속되어야 하지만 어디에서도 환영받지 못하는 선은 결국 마지막에 마지못해 호명되어 피구 경기를 시작한다.

이 영화는 집단에 소속되지 못할까봐 불안해하던 어린 시절의 공포를 너무나도 생생하게 보여준다. 그 시절 조금이라도 이런 공포를 경험해본 이들에게 이 영화는 호러스릴러물처럼 느껴질 것이다. 친구의 생일파티에 초대받지 못해 상처받고, 소풍에서 같이 밥 먹을 친구를 찾아 두리번거리고, 친구의 환심을 사기 위해 거짓말하는 장면들은, 학교라는 공간을 떠나며 묻어두었던 수십년 전의 감정들을 순식간에 끌어올린다.

천진난만하고 순수했다고 착각하는 어린 시절이 실은 그 어느 때보다 잔인하기도 했음을 영화는 깨우쳐준다. 교실이라는 그 작은 세계에서 이제 열살을 겨우 넘겼을 어린이들이 세상의 차별을 여과 없이 재현한다. 집안이 가난하다고, 부모님이 이혼했다고, 아버지가 알코올중독자라고 놀리고 따돌린다. 다른 학교에서 '왕따'였다는 낙인은 그 자체로 다시 따돌림을 받을 이유가 된다. 냄새가 난다고, 거짓말쟁이라고, 온갖 소문과 모함으로 그 작은 세계는 분할되고 갈등을 겪는다.

내가 이 책에서 꺼낸 많은 차별의 이야기들은 어쩌면 그 작은 세계에서 시작되었을지도 모른다. 친구라는 공동체가 느슨하게 열린 관계가 아니라 끈끈하게 밀착된 닫힌 관계일 때, 소속되지 못함에 대한 불안은 더 심할 수밖에 없다. 요즘 유행하는 말로, 많은 사람들과 잘 어울리는 '인싸'(인사이더)가 되거나, 누구와도 어울리지 못하는 '아싸'(아웃사이더)가 되거나, 둘 중 하나의 선택지 밖에 없다면 말이다. 인싸와 아싸의 경계에는 이 둘을 가르는 기준이 존재하고, 여기에서 외모나 능력 등 온갖 차별이 다시 재현되곤 한다.

그래서였는지, 나는 어린 시절 학년 초마다 친구들과 어울리고 싶어서, 더 정확하게는 친구가 있다는 안정감을 얻기 위해서, 몇명과 그룹을 지으려 부산스럽게 노력했던 것 같다. 몇십년이 지난 지금도 나는 이 불안을 종종 대학 캠퍼스에서 발견한다. 우연히 강의

첫날 가까이 앉은 사람이든, 같은 지역에 사는 사람이든, 무언가 이유를 찾아 친구를 만들어야 안심하고 학교생활에 집중할 수 있게 된다. 학교를 떠나 직장에 가서도 따돌림과 괴롭힘을 걱정한다. 어울림의 공포는 성인이 되어도 쉽사리 끝나지 않는다.

어떤 집단의 경계 밖으로 내쳐지는 일은 두려운 일이고, 그 경계 안에 들어가기 위해 우리는 많은 걸 희생한다. 이 책에서 나는 이 어울림의 공포와 싸우는 한가지 방안을 말하고 싶었던 것 같다. 소속되기 위해 '완벽한' 사람이 되려 노력하거나 그런 사람인 척 가장하는 대신, 모두가 있는 그대로 어울리는 사람으로 환영받는 세상을 상상하자고 이야기하고 싶었다. 최소한 내가 배척당할까봐 두려워 다른 누군가를 비웃고 놀리고 짓밟는 일이 없도록, 넉넉하게 모두를 품는 안전한 사회를 만들기를 꿈꾼다.

영화 「우리들」의 마지막 장면은 다시 학교 운동장에서의 피구 경기로 향한다. 영화 초반에 친구들이 선에게 다가와 "금 밟았다"며 "너 나가!"라고 말하던 장면이, 영화 말미에는 똑같이 한지아(설혜인)에게로 향한다. 다만, 영화 초반에 "금 안 밟았다"고 항변하는 선의 편에 아무도 없었던 것과는 달리, 영화 말미에는 선이 지아를 위해 목소리를 낸다. "야, 한지아 금 안 밟았어!" 피구 경기는 계속되고, 자신이 따돌림을 받지 않기 위해 서로를 따돌려야 했던 둘 사이의 갈등이 그렇게 해결되는 듯 암시하며 영화가 끝난다.

차별의 이야기는 단지 '사회적 약자' 혹은 '소수자'로 표상되는 특정 집단에 한정되지 않는, 우리 모두의 삶을 구성하는 관계에 관한 이야기이기도 하다. 그래서 이 책에서는, 여러가지 이유로 차별을 하기도 하고 받기도 하는 무수한 관계 속에서 우리의 삶이 어떻게 만들어지는지 돌아보고자 했다. 그리고 모두 조금씩 긴장을 늦추어, 다소 느슨하지만 낯선 것을 품을 수 있는 여유로운 관계를 만들어보자고 제안하고 싶었다.

이 책에서 언급하듯, '우리'라는 말은 '그들'을 전제로 할 때 배타적인 의미를 가진다. 영화에서도 교실 안에서 끊임없이 '우리'가 새롭게 만들어지고 해체되면서 갈등이 생겼다. 그런데 혹시, 하나의 폐쇄된 집단으로서의 '우리들'이 아닌, 수많은 우리 '들'이 교차하고 만나는 연대의 관계로서 '우리들'이 가능하진 않을까? 누군가에게 막무가내로 다가가 "금을 밟았다"며 "나가!"라고 외치지 않는, 환대하고 함께하는 열린 공동체로서 '우리들'을 만들면 좋겠다.

감사의 글

이 책의 많은 부분은 강릉·원주대학교 다문화학과의 '소수자와 인권'이라는 수업을 준비하며, 그리고 수업시간에 학생들과 대화하면서 발전되었다. 차별이란 어려운 주제에 관해 생각과 경험을 솔직하게 나누어준 학생들 덕분에 더 많은 질문을 품고 연구하며 함께 성장할 수 있었다. 인권교육이란 이름으로 크고 작은 강의에 참석하여 진솔하게 의견을 나누어주었던 수많은 분들께도 감사드린다. 강의는 내가 누군가를 가르치는 것보다 더 많이 배우는 과정이라는 걸 깨닫는다. 이 과정을 통해 차별이란 것이 얼마나 복잡다단한 모습으로 우리 삶 안에 들어와 있는지 발견할 수 있었다. 프롤로그에서 언급한, 나에게 "왜 결정장애란 말을 쓰셨어요?"라는 질문을 던져주었던 분을 비롯해, 각종 토론회에서 만난 분들께도 감사를 표하고 싶다. 누군가 나의 생각을 경청해주고 또 정성스럽게 피드백을 해주는 그 시간이 얼마나 고맙고 소중한지 모른다.

그동안 헤아릴 수 없이 많은 사람들의 말과 글을 통해 도움을 받으며 연구할 수 있었다. SOGI법정책연구회, 이주여성인권포럼, 한국성소수자연구회, 차별금지법제정연대를 비롯해, 현장의 수많은 활동가들과 연구자들을 통해 성찰하고 배우고 고민하는 시간을 가질 수 있었다. 차별을 연구하게끔 이끌고 격려해주신 이준일 선생님께 감사드린다. 변호사와 활동가로서 온갖 차별 사건을 현장에서 직접 겪으며 치열하게 대응하는 류민희, 박한희, 이승현, 장서연, 조혜인, 한가람에게 언제나 많이 배운다. 좋은 동료가 되어 주어 참 고맙다.

나영정 활동가와 미류 활동가는 이 책의 초고를 읽고 귀한 의견을 주었다. 덕분에 미처 생각하지 못한 부분을 더 찾아보고 보완할 수 있었다. 여전히 남은 부족한 점은 모두 나의 탓이다. 나보다 더 원고를 귀하게 여겨주고 살펴주신 최지수 선생님과 창비 편집부에 감사드린다. 이 책을 준비할 때 격려를 아끼지 않으셨던 백영경 선생님께도 감사드린다. 책을 기획하고 쓰고 마무리하는 모든 순간, 정리되지 않은 원고를 읽어주고 사소한 고민까지 들어주며 의견을 나누어준 현경에게 고맙다. 평생 원하는 공부를 실컷 하게 지원해주신 부모님과, 따뜻함과 세심함으로 늘 감동을 주는 동생 은혜에게 감사한다. 책상 위를 돌아다니며 컴퓨터 모니터를 가리고 엉뚱한 키보드를 누르고 급기야는 중요한 책에 실례를 했던 사랑스러

운 고양이들 마루, 잔달, 오즈, 봉봉에게도 고맙다. 마지막으로 유
난히 책 위에 앉아 있는 걸 좋아했던, 노란 들꽃이 흐드러지던 작
년 초여름 무지개다리를 건넌 마당이에게 이 책을 선물하고 싶다.

2019년 7월
김지혜

1장 서는 곳이 달라지면 풍경도 달라진다

1 트위터 계정 @sungjaegi, 2012.10.5.

2 「"여성 전용 없애라" … 남성들 역차별 '반란'」, 「KBS 뉴스」 2012.7.28.

3 「남성연대 ○○○를 만나다」, 『딴지일보』 2013.7.29., http://www.ddanzi.com/ddanziNews/1351628 참조(2019.2.21. 방문).

4 참고로 한국여성성책연구원의 통계에 의하면, 2018년 국가고시 합격자 중 여성의 비율은 행정고시 36.7%, 외교관 후보자 60.0%, 변호사시험 44.0%였다. 한국여성정책연구원 성인지통계데이터베이스, http://gsis.kwdi.re.kr:8083/statHtml/statHtml.do?orgId=338&tblId=DT_1HB1009R (2019.6.26. 방문).

5 인사혁신처 「2018 인사혁신통계연보」 통권 4호, 2018년 7월, 27면.

6 Kelly Danaher & Nyla R. Branscombe, "Maintaining the System with Tokenism: Bolstering Individual Mobility Beliefs and Identification with a Discriminatory Organization," *British Journal of Social Psychology*, 49, 2010, 343~62면.

7 Nyla R. Branscombe & Robert A. Baron, *Social Psychology*, Pearson 2017(14판), 195면.

8 같은 책 195~96면.

9 e-나라지표에서 제공하는 '남성대비 여성 임금비율' 통계. 고용노동부 고용형태별 근로실태조사의 결과임. http://www.index.go.kr/potal/main/EachDtlPageDetail.do?idx_cd=2714 (2019.5.20. 방문).

10 Peggy McIntosh, "White Privilege: Unpacking the Invisible Knapsack," *Peace &*

Freedom, July/August 1989, 10~13면.

11 Barry Deutsch, "The Male Privilege Checklist: An Unabashed Imitation of an Article by Peggy McIntosh," https://www.cpt.org/files/US%20-%20Male%20 Privilege%20Checklist.pdf (2019.2.21. 방문).

12 오즐렘 센소이·로빈 디앤젤로 『정말로 누구나 평등할까?』, 홍한별 옮김, 착한 책가게 2016, 116~17면.

13 Barrington Moore, Jr., *Injustice: The Social Bases of Obedience and Revolt*, Routledge 2015.

14 같은 책; 지그문트 바우만 『왜 우리는 불평등을 감수하는가?』, 안규남 옮김, 동 녘 2013, 87~91면 참조.

15 Branscombe & Baron, 앞의 책 187면.

16 Daniel Kahneman & Amos Tversky, "Choices, Values and Frames," *American Psychologist*, 39(4), 1984, 341~50면; 대니얼 카너먼 『생각에 관한 생각』, 이창신 옮김, 김영사 2018, 411~26면 참조.

17 Branscombe & Baron, 앞의 책 188면; Michael I. Norton & Samuel R. Sommers, "Whites See Racism as a Zero Sum Game That They Are Now Losing," *Perspectives on Psychological Science*, 6(3), 2011, 215면.

18 최유진 외 「2016년 양성평등 실태조사 분석 연구」, 여성가족부 2016.

19 현재 여성이 불평등한 사회라는 여성은 74.2퍼센트이고, 5년 후 전망에 대한 응 답은 46.7퍼센트로 감소한다. 남성의 경우에도, 현재 여성이 불평등하다는 남성 은 50.8퍼센트이고 5년 후 전망은 26.6퍼센트로 감소한다. 반대로 현재 남성이 불평등한 사회라는 여성은 11.2퍼센트이고, 5년 후 전망은 19.1퍼센트로 증가한 다. 남성의 경우에도, 현재 남성이 불평등한 사회라는 응답이 21.6퍼센트이고, 5 년 후 전망은 30.6퍼센트로 증가한다. 같은 글 247, 251면.

20 「"처녀 교사들 값이 높다" 이영우 경북교육감 발언 논란」, 『오마이뉴스』 2017.8.3.

2장 우리는 한곳에만 서 있는 게 아니다

1 리얼미터가 전국 만 19세 이상 남녀 500명을 상대로 무선(80퍼센트)·유선 (20퍼센트) 병행 무작위생성 표집틀을 통한 임의 전화걸기에 의한 조사한 결 과이며, 응답률은 4.2퍼센트이고 표본오차는 95% 신뢰수준에 ±4.4%p이었다.

「[리얼미터-tbs 현안조사] 제2차 제주 예멘난민 수용에 대한 국민여론 조사」, 2018.7.4.

2 Ashleigh S. Rosette & Leigh P. Tost, "Perceiving Social Inequity: When Subordinate Group Positioning on One Dimension of Social Hierarchy Enhances Privilege Recognition on Another," *Psychological Science*, 24(8), 2013, 1420~27면 참조.

3 Mahzarin R. Banaji & Anthony G. Greenwald, *Blindspot: Hidden Biases of Good People*, Bantam 2013, 78~79면.

4 Gordon W. Allport, *The Nature of Prejudice*, Basic Books 1979(25주년판), 20면.

5 Banaji & Greenwald, 앞의 책 80~87면.

6 같은 책 83~84면.

7 Chris, "15 Character Traits About Korean People," https://www.mrvacation.com/traits-about-korean-people/ (2019.2.23. 방문).

8 Walter Lippmann, *Public Opinion*, Harcourt Brace & Co. 1922.

9 아이비국제웨딩, 「국가별 신부들의 장점」, http://www.ivykwed.com/pages.php?id=54 (2019.2.23. 방문).

10 Lippmann, 앞의 책.

11 Nyla R. Branscombe & Robert A. Baron, *Social Psychology*, Pearson 2017(14판), 201면.

12 같은 책.

13 John M. Darley & Paget H. Gross, "A Hypothesis-Confirming Bias in Labeling Effects," *Journal of Personality and Social Psychology*, 44(1), 1983, 20~33면.

14 「평창의 귀화 선수들, 우리가 뛴다」, 『한겨레』 2017.9.12.

15 「친구 싸움 말리던 그 순간, 한국 생활 10년이 끝났다」, 『한겨레』 2013.1.11.; 「몽골 청소년 강제추방 논란… "반인권적 사태" 비판」, 『오마이뉴스』 2012.11.9.

16 이후 법무부는 아동의 학습권 보장을 위해 고등학생까지 강제출국을 유예하기로 조치했다. 하지만 미등록 아동에게 국적이나 합법적 체류자격을 부여하는 것은 아니었다. 문병기·장임숙·정동재·송형주·박미정, 「국내체류 아동에 대한 실태조사」, 법무부 연구용역 보고서 2018.11., 92~93면.

17 이하 내부 집단과 외부 집단에 대한 인식과 태도의 경향성에 대한 설명은 James M. Jones, John F. Dovidio & Deborah L. Vietze, *Psychology of Diversity: Beyond Prejudice and Racism*, Wiley-Blackwell 2014, 132면을 참조함.

18 Henri Tajfel, M.G. Billig, R.P. Bundy & Claude Flament, "Social categorization

and intergroup behaviour," *European Journal of Social Psychology*, 1(2), 1971, 149~78면.

19 David DeSteno, Nilanjana Dasgupta, Monica Y. Bartlett & Aida Cajdric, "Prejudice From Thin Air: The Effect of Emotion on Automatic Intergroup Attitudes," *Psychological Science*, 15(5), 2004, 319~24면.

20 같은 글.

21 Muzafer Sherif, O. J. Harvey, B. Jack White, William R. Hood & Carolyn W. Sherif, *Intergroup Conflict and Cooperation: The Robbers Cave Experiment*, Wesleyan University Press 1988.

22 Kimberle Crenshaw, "Demarginalizing the Intersection of Race and Sex: A Black Feminist Critique of Antidiscrimination Doctrine, Feminist Theory and Antiracist Politics," *University of Chicago Legal Forum*, 1989(1), 141면.

23 DeGraffenreid v. General Motors Assembly Div., etc., 413 F. Supp. 142 (E.D. Mo. 1976).

24 Crenshaw, 앞의 글 139~67면.

25 같은 글 157~60면.

26 같은 글 157~59, 163면.

27 다큐멘터리 영화 「아니타 힐」(2013)에 이 사건이 자세히 기록되어 있다.

28 「[팩트체크] 제주 예멘 난민을 둘러싼 무성한 소문… 진실과 거짓은?」, 『연합뉴스』 2018.6.19.

29 「제주도 불법 난민 신청 문제에 따른 난민법, 무사증 입국, 난민신청허가 폐지/개헌 청원합니다」, 청와대 국민청원, https://www1.president.go.kr/petitions/269548 (2019.6.26. 방문).

30 포털사이트 네이버에 소개된 연합뉴스의 2018.7.20. 기사 「난민도 사람입니다… 출입국사무소 가니 않지도 못하게(종합)」에, 2019년 6월 현재 총 10,951개의 댓글 중 3천여개가 삭제되고 7,813개가 남아 있다. https://news.naver.com/main/read.nhn?mode=LSD&mid=sec&sid1=102&oid=001&aid=0010223519 (2019.6.26. 방문).

3장 새는 새장을 보지 못한다

1 장수명 「대학서열의 경제적 수익 분석」, 『한국교육』 33권 2호, 2006, 75~107면;

이경희·김태일「대학순위와 전공의 임금효과: 성별 격차를 중심으로」,『교육학연구』45권 3호, 2007, 167~97면.

2 김영철「행복은 성적순이 아니잖아요?: '학력(학벌)'의 비경제적 효과 추정」,『경제학연구』64권 1호, 2016, 107~50면.

3 Nyla R. Branscombe & Robert A. Baron, *Social Psychology*, Pearson 2017(14판), 117~18면.

4 Erving Goffman, *Stigma: Notes on the Management of Spoiled Identity*, Prentice-Hall, Inc. 1963.

5 같은 책 1~19면.

6 Steven J. Spencer, Claude M. Steele & Diane M. Quinn, "Stereotype Threat and Women's Math Performance," *Journal of Experimental Social Psychology*, 35, 1999, 4~28면.

7 같은 글 5면.

8 Gregory M. Walton & Geoffrey L. Cohen, "Stereotype Lift," *Journal of Experimental Social Psychology*, 39, 2003, 456~67면 참조.

9 같은 글.

10 한국교육과정평가원,「보도자료: 2018학년도 수능성적분석결과발표」, 2018.10.3.

11 한국교육과정평가원,「보도자료: 2017학년도 수능성적분석결과발표」, 2017.9.27.

12 공공데이터포털에서 제공하는 '한국교육과정평가원 대학수학능력시험 정보' 중 '2018학년도 대학수학능력시험 표준점수 도수분포'를 분석한 내용이다. https://www.data.go.kr/dataset/15001549/fileData.do (2019.2.23. 방문).

13 Luigi Guiso, Ferdinando Monte, Paola Sapienza & Luigi Zingales, "Culture, Gender, and Math," *Science*, 320(5880), 2008, 1164~65면.

14 Shelley J. Correll, "Gender and the Career Choice Process: The Role of Biased Self-Assessments," *American Journal of Sociology*, 106(6), 2001, 1691~1730면.

15 성별임금격차의 원인은 여러가지로 분석된다. 주요 원인으로, 여성이 근속연수가 짧고, 고소득 직종에서 비중이 적고, 사업체 규모가 작은 곳에 많으며, 시간제나 비정규직으로 일하는 경우가 많고, 노동조합이 없는 사업체에 종사하는 비율이 높은 것 등이 꼽히고, 이런 근무조건의 불리함으로도 설명되지 않는 차별효과도 존재한다.

16 성별임금격차(gender wage gap)란 남성의 중위임금 대비 남녀 사이의 중위임

금 차이로 정의된다. OECD, "Gender wage gap (indicator)," 2019, https://doi.
org/10.1787/4ead40c7-en(2019.6.26. 방문).

17 OECD, "Education at a Glance 2018: OECD Indicators," OECD Publishing,
2018, http://dx.doi.org/10.1787/eag-2018-en (2019.6.26. 방문).

18 윤자영 「성별 임금격차의 새로운 경향과 오래된 과제」, 『국제노동브리프』 11권
6호, 2013; 최세림 「성별 임금격차에 관한 논의: 과거, 현재, 그리고 정책」, 『국제
노동브리프』 17권 1호, 2019, 5면 참조.

19 최세림, 앞의 글 5~6면 참조.

20 Structural discrimination이라고도 한다.

21 켄지 요시노 『커버링』, 김현경·한빛나 옮김, 민음사 2017.

22 Kenneth B. Clark & Mamie Clark, "Racial Identification and Preference in
Negro Children," *Readings in Social Psychology*, 1947, 169~78면.

23 Michael Beschloss, "How an Experiment With Dolls Helped Lead to School
Integration," *The New York Times*, 2014.5.6.

24 Brown v. Board of Education of Topeka, 347 U.S. 483 (1954).

25 같은 글 494~95면. 중략 기호 앞부분은 연방대법원이 다른 법원의 판결문을 인
용한 것이다.

26 Marilyn Frye, "Oppression," *The Politics of Reality: Essays in Feminist Theory*,
Crossing Press 1983, 1~16면.

27 같은 책 7면.

28 Danny Dorling, *Injustice: Why Social Inequality Still Persists*, Policy Press 2015(2
판).

29 오즐렘 센소이·로빈 디앤젤로 『정말로 누구나 평등할까?』, 홍한별 옮김, 착한
책가게 2016, 98면.

30 같은 책 98~99면.

4장 웃자고 한 말에 죽자고 덤비는 이유

1 Alexis Clark, "How the History of Blackface Is Rooted in Racism," History,
https://www.history.com/news/blackface-history-racism-origins (2019.6.27. 방
문).

2 "Blackface," Wikipedia, The Free Encyclopedia, https://en.wikipedia.org/w/index.

php?title=Blackface&oldid=903010002 (2019.6.27. 방문).

3 같은 글.

4 같은 글.

5 Mark A. Ferguson & Thomas E. Ford, "Disparagement Humor: A Theoretical and Empirical Review of Psychoanalytic, Superiority, and Social Identity Theories," *Humor: International Journal of Humor Research*, 21(3), 2008, 288면.

6 같은 글 288~89면; Laura E. Little, "Regulating Funny: Humor and the Law," *Cornell Law Review*, 94, 2009, 1245면.

7 Thomas Hobbes, *Leviathan*, 1651, 4장.

8 Dolf Zillmann & Joanne R. Cantor, "Directionality of Transitory Dominance as a Communication Variable Affecting Humor Appreciation," *Journal of Personality and Social Psychology*, 24(2), 1972, 191~98면.

9 Thomas E. Ford, Kyle Richardson & Whitney E. Petit, "Disparagement humor and prejudice: Contemporary theory and research," *Humor*, 28(2), 2015, 171~86면.

10 같은 글 176면.

11 Donald A. Saucier, Conor J. O'Dea & Megan L. Strain, "The Bad, the Good, the Misunderstood: The Social Effects of Racial Humor," *Translational Issues in Psychological Science*, 2(1), 2016, 79~80면 참조.

12 「이해찬, 장애인 행사서 "정치권에 정신장애인 많다"」, 『한국일보』 2018.12.29.

13 Gordon Hodson, Jonathan Rush & Cara C. MacInnis, "A Joke Is Just a Joke (Except When It Isn't): Cavalier Humor Beliefs Facilitate the Expression of Group Dominance Motives?" *Journal of Personality and Social Psychology*, 99(4), 2010, 660~82면.

14 Thomas E. Ford, Julie A. Woodzicka, Shane R. Triplett, Annie O. Kochersberger & Christopher J. Holden, "Not All Groups are Equal: Differential Vulnerability of Social Groups to the Prejudice-Releasing Effects of Disparagement Humor," *Group Processes & Intergroup Relations*, 20(10), 2013, 178~99면; Thomas E. Ford, Erin R. Wentzel & Joli Lorion, "Effects of Exposure to Sexist Humor on Perceptions of Normative Tolerance of Sexism," *European Journal of Social Psychology*, 31, 2001, 677~91면.

15 Ford, Woodzicka, Triplett, Kochersberger & Holden, 앞의 글.

16 같은 글 193면.

17 「2018년 사회통합실태조사」, 한국행정연구원 2018, 67, 312면.
18 Adam D. Galinsky, Kurt Hugenberg, Carla Groom & Galen V. Bodenhausen, "The Reappropriation of Stigmatizing Labels: Implications for Social Identity," *Identity Issues in Groups*, Emerald Group Publishing Limited 2003, 231면.
19 같은 글 231~32면.
20 「'시대와 불화하는 불구의 정치' 선언문」, 『오마이뉴스』 2018.2.1.
21 Thomas E. Ford, Christie F. Boxer, Jacob Armstrong & Jessica R. Edel, "More Than 'Just a Joke': The Prejudice-Releasing Function of Sexist Humor," *Personality and Social Psychology Bulletin*, 34(2), 2008, 159면 참조.

5장 어떤 차별은 공정하다는 생각

1 「미혼인데 '여사님?'… 비정규직 공무원 호칭 인권침해 논란」, 『매일경제』 2016.10.6.; 「비정규직 근로자 '~여사님' '~씨' 호칭은 인권침해」, 『연합뉴스』 2016.12.20.
2 「수원시 비정규직 호칭 엉뚱 개선 … '인권도시' 말뿐인가」, 『인천일보』 2017.5.1.
3 「현대판 '카스트 제도'? … 목줄 색깔로 차별 '서러운 비정규직'」, 『디지털타임스』 2017.5.25.
4 김복순 「비정규직 고용과 근로조건: 통계청, '경제활동인구조사' 2016년 8월 부가조사 중심으로」, 『월간 노동리뷰』, 2017년 1월호, 103, 105면.
5 Shannon K. McCoy & Brenda Major, "Priming Meritocracy and the Psychological Justification of Inequality," *Journal of Experimental Social Psychology*, 43, 2007, 341면.
6 같은 글 341~51면.
7 존 롤스 『정의론』, 황경식 옮김, 이학사 2003, 46~47면. 이 책에서는 '무지의 베일'이라 옮겼다.
8 국가인권위원회 2011.9.27. 10진정0480200 결정(채용 시 청각장애인에 대한 간접차별).
9 국가인권위원회 2013.6.18. 13진정0073700 결정(법무사 시험 시 전맹 시각장애인에 대한 편의 미제공).
10 국가인권위원회 2012.8.22. 11진정0699900 결정(제빵 실기시험에 있어 정당한 편의제공 거부).
11 국가인권위원회 2015.8.20. 15진정0627300 결정(세무직 공무원 시험에서 뇌병변장애인에 대한 메모 대필 편의제공 거부).

12 현재도 이 정책이 유지되고 있는 것으로 보인다. University of Washington School of Law, "Exam Instructions," https://www.law.washington.edu/students/exams/instructions.aspx (2019.6.27. 방문).

13 Emilio J. Castilla, "Gender, Race, and Meritocracy in Organizational Careers," *American Journal of Sociology*, 113(6), 2008, 1479~1526면.

14 Emilio J. Castilla & Stephen Benard, "The Paradox of Meritocracy in Organizations." *Administrative Science Quarterly*, 55, 2010, 543~76면.

15 같은 글 547면.

16 Benot Monin & Dale T. Miller, "Moral Credentials and the Expression of Prejudice," *Journal of Personality and Social Psychology*, 81(1), 2001, 5~16면.

17 Castilla & Benard, 앞의 글 548면.

18 국가인권위원회 2010.1.21. 09진차1194 결정(사립고등학교의 상설적인 우열반 편성으로 인한 차별). 유사하게 성적우수자에게만 정독실에서 자율학습을 할 수 있도록 한 학교에 대해서도 국가인권위원회는 불합리한 차별이라고 판단한 바 있다. 국가인권위원회 2008.1.28. 08진차13 결정(기타사유를 이유로 한 교육시설 이용 차별).

19 학교 급별로 초등학생의 10.9퍼센트, 중학생의 28.1퍼센트, 고등학생의 41.3퍼센트가 공부를 못한다는 이유로 차별을 당했다고 응답했다. 김영지·김희진·이민희·김진호 「아동·청소년 권리에 관한 국제협약 이행 연구: 한국 아동·청소년 인권실태 2017」, 한국청소년정책연구원 2017, 105~108면.

6장 쫓겨나는 사람들

1 Heart of Atlanta Motel, Inc. v. United States, 379 U.S. 241 (1964), 291~92면(골드버그 대법관의 별개의견, 상원통상위원회의 의견서 인용).

2 화폐가치 계산은 Measuring Worth(www.measuringworth.com)에서 제공한 구매력 계산법을 사용했다.

3 Linda C. McClain, "Involuntary Servitude, Public Accommodations Laws, and the Legacy of Heart of Atlanta Motel, Inc. v. United States," *Maryland Law Review*, 71, 2011, 88면. '하트 오브 애틀랜타 모텔 대 미국' 사건의 배경에 관한 앞의 내용은 이 글을 참조한 것이다.

4 Heart of Atlanta Motel, Inc. v. United States, 379 U.S. 241 (1964) 260~61면.

5 「"외국인은 물 더럽히니 사우나 출입 안 돼요!"」, 『오마이뉴스』 2011.10.13.

6 「"에이즈 걸렸을지도"… 귀화여성 막은 사우나」, 『경향신문』 2011.10.13.

7 같은 글.

8 「남탕·여탕, 외국인탕 … 목욕탕마저 차별」, 『문화일보』 2014.1.16.

9 「경찰 출동해 한인 노인들 쫓아낸 맥도날드, 왜?」 『오마이뉴스』 2014.10.17.

10 「美 스타벅스 인종차별 논란 … '주문 없이 앉은' 흑인 체포」, 『연합뉴스』 2018.4.15.

11 「"노 인디언"… 특정 외국인 입장 거부한 술집 논란」, 「SBS뉴스」 2017.6.7.

12 「부모 동반 없는 중고생 커피전문점 출입금지 '논란'」, 『경향신문』 2018.4.20.

13 「장애인은 식당도 못 가나요… 일식집 "자리 없다" 거부」, 『경향신문』 2017.1.5.

14 「장애인 손님 거부하는 '노(NO) 장애인 존'」, 『함께걸음』 2017.3.7.

15 「아르바이트생이 뽑은 무(無)매너 1위는 '반말손님'」 『경향신문』 2017.8.4.

16 식품위생법 제3조 제3항, 식품위생법 시행규칙 제2조 및 별표1.

17 표시·광고의 공정화에 관한 법률 제3조.

18 소비자기본법 제16조 제2항, 소비자기본법 시행령 제8조 제3항 및 소비자분쟁 해결기준. 거래형태에 따라 '전자상거래 등에서의 소비자보호에 관한 법률' 제17조, '할부거래에 관한 법률' 제8조, '방문판매 등에 관한 법률' 제8조 등에 의해 환불이 이루어지기도 한다.

19 West Chester & Philadelphia Railroad Co. v. Miles, 55 Pa. 209 (1867), 212~13면.

20 Iowa Department of Human Rights, Jim Crow Laws, https://humanrights.iowa. gov/cas/saa/african-american-culture-history/jim-crow-laws(2019.2.21. 방문); Joseph W. Singer, "No Right to Exclude: Public Accommodations and Private Property," *Northwestern University Law Review*, 90, 1996, 1388면.

21 Plessy v. Ferguson, 163 U.S. 537 (1896), 550~51면.

22 Singer, 앞의 글 1389~90면.

23 Heart of Atlanta Motel, Inc. v. United States, 앞의 글 285면(더글러스 대법관의 별개의견, 상원의원 보고서 88-872호 인용).

24 Loving v. Virginia, 388 U.S. 1 (1967), 3면(1심 판결 인용).

25 같은 글 12면.

26 James M. Oleske, Jr., "The Evolution of Accommodation: Comparing the Unequal Treatment of Religious Objections to Interracial and Same-Sex Marriages," *Harvard Civil Rights-Civil Liberties Law Review*, 50, 2015, 107~108, 118~19면.

27 같은 글 108~109, 122면.

28 같은 글 113면.

29 헌법 제11조 ①모든 국민은 법 앞에 평등하다. 누구든지 성별·종교 또는 사회적 신분에 의하여 정치적·경제적·사회적·문화적 생활의 모든 영역에 있어서 차별을 받지 아니한다. 헌법 제20조 ①모든 국민은 종교의 자유를 가진다. ②국교는 인정되지 아니하며, 종교와 정치는 분리된다.

30 「"외국인이라 안 돼요."… 어린이집조차 가기 힘든 외국인 아동들」, 경기도외국인인권지원센터 보도자료 2018.5.3.

31 Jennifer L. Eagan, "Multiculturalism," Encyclopædia Britannica, 2015, https://www.britannica.com/topic/multiculturalism (2019.6.27. 방문).

32 「'다문화 남아!' 여전한 차별… 다양성 존중교육 절실해」, 『한겨레』 2017.2.28.

7장 "내 눈에는 안 보였으면 좋겠어"

1 「"집단적 린치" "일방적 테러" 인천퀴어축제에서 무슨 일이?」, 『한겨레』 2018.9.11.; 「"사랑하니까 동성애 반대," 그들이 실패한 결정적 이유」, 『오마이뉴스』, 2018.9.10.

2 「[현장]동성애 찬성·반대파 격돌… '인천퀴어축제' 삐걱」, 『뉴데일리』 2018.9.8.

3 「"강행하면 법적대응" 퀴어축제 가로막는 부산 해운대구청」, 『오마이뉴스』 2018.9.28.

4 「반대 많았던 제주 '첫' 퀴어문화축제, 이렇게 열렸다」, 『오마이뉴스』 2017.11.6.

5 질 밸런타인, 『공간에 비친 사회, 사회를 읽는 공간: 사회지리학으로의 초대』, 박경환 옮김, 한울아카데미 2014, 214면; 김동완 「공적 공간의 이상과 가상」, 『공공공간을 위하여』, 동녘 2017, 24면.

6 한나 아렌트 『인간의 조건』, 이진우 옮김, 한길사 2017, 103면.

7 같은 책 98~103면.

8 같은 책.

9 이근동 "형제복지원 피해사건에 관한 특별법 제정에 관하여," 「내무부훈령에 의한 형제복지원 강제수용 등 피해사건의 진상 및 국가책임 규명 등에 관한 법률안에 관한 공청회」, 안전행정위원회, 2015.7.3., 7~8면; 「오늘의 초점」, 『전북일보』 1987.2.7.

10 형제복지원은 부산에서 1975년부터 1987년까지 운영된 3,000명 이상 규모의

부랑인 수용시설로, 강제노동, 구타, 성폭행 등이 일상적으로 발생하고 500명 이상 사망하는 대규모 인권침해가 발생했다.

11 김동완, 앞의 책 40~46면.

12 같은 책 40~43면 참조.

13 Erving Goffman, *Stigma: Notes on the Management of Spoiled Identity*, Prentice-Hall Inc. 1963, 73~75면.

14 앞서 "동성애를 반대하십니까?"라는 질문에 "반대하죠"라고 답한 다음의 말이었다. 「[대선토론 하이라이트] 홍준표 "동성애 반대하느냐" 질문에 문재인 "좋아하지는 않는다"」, JTBC News, 2017.4.25. https://www.youtube.com/watch?v=isdZ1M2UHcE (2019.6.29. 방문).

15 Sara Ahmed, *The Cultural Politics of Emotion*, Routledge 2015(2판), 56면.

16 같은 책 44~60면.

17 증오범죄란 성별, 인종, 민족, 장애, 종교, 성적지향, 성별정체성 등을 이유로 한 특정 집단에 대한 편견과 증오심이 동기가 되어 발생하는 범죄로서, 유럽 국가와 미국 등에서는 이러한 동기가 있을 때 가중처벌하는 증오범죄법(hate crime law)을 두고 있다.

18 「강남 살인사건이 '여성혐오 범죄'인 이유」, 『한겨레』 2016.5.19.

19 「인천 성소수자 단체, 행사장 허가 반려에도 퀴어문화축제 강행」, 『한국일보』 2018.9.3.

20 Alekseyev v. Russia, European Court of Human Rights, 4916/07, 25924/08 and 14599/09, 2010.10.21., 57, 62문단.

21 Alekseyev v. Russia, 같은 글 21, 70문단(Bączkowski and Others v. Poland, European Court of Human Rights, 1543/06, 2007.5.3., 63문단에서 인용).

22 같은 글 76, 81문단.

23 같은 글 70문단(Bączkowski and Others v. Poland, 앞의 글 63문단에서 인용).

24 「문재인 앞에서 "동성애 혐오 발언 사과하라" 기습시위… 인권활동가 13명 경찰 연행」, 『경향신문』 2017.4.26.

25 Susan Opotow, "Moral Exclusion and Injustice: An Introduction," *Journal of Social Issues*, 46(1) 1990, 3~6면.

26 같은 글 4면.

27 Morton Deutsch, *Distributive Justice: A Social Psychological Perspective*, Yale University Press 1985, 36~37면.

28 Opotow, 앞의 글 1면.

29 김현경『사람, 장소, 환대』, 문학과지성사 2015, 36~40면.

30 한나 아렌트『전체주의의 기원 1』, 이진우·박미애 옮김, 한길사 2006, 534면.

31 외국인근로자의 고용 등에 관한 법률 제18조, 제18조의2, 제18조의3, 제18조의 4.

32 외국인 근로자의 고용 등에 관한 법률 제25조.

33 출입국관리법 제17조 제2항은 "대한민국에 체류하는 외국인은 이 법 또는 다른 법률에서 정하는 경우를 제외하고는 정치활동을 하여서는 아니 된다"라고 규정한다. 영주권자의 경우, 공직선거법 제15조 제2항 제3호에 따라 영주의 체류자격 취득일 후 3년이 경과한 때부터 지방자치단체의 의회의원 및 장의 선거권을 가진다.

34 Orlando Patterson, *Slavery and Social Death: A Comparative Study*, Harvard University Press 1982.

35 헌법재판소 2016. 3. 31. 2014헌마367 전원재판부 결정; 헌법재판소 2011. 9. 29. 2007헌마1083 전원재판부 결정; 헌법재판소 2011. 9. 29. 2009헌마351 전원재판부 결정.

36 Michael Walzer, *Spheres of Justice: A Defence of Pluralism and Equality*, Basic Books 1983, 62면.

37 Linda Bosniak, "Being Here: Ethical Territoriality and the Rights of Immigrants," *Theoretical Inquiries in Law*, 8(2), 2007, 389~410면; 김지혜, 「이주민의 기본권: 불평등과 '윤리적 영토권'」, 『헌법학연구』 22(3), 2016, 223~51면.

8장 평등은 변화의 두려움을 딛고 온다

1 「"나가! ×××아" 장애인들이 욕먹을 각오하고 전철 탄 까닭」, 『오마이뉴스』 2018.6.14.

2 「'긴급조치 사람들', 반세기 민주화 여정 정리한다」, 『통일뉴스』 2018.7.21.

3 Stanley Milgram, "Behavioral Study of Obedience," *Journal of Abnormal and Social Psychology*, 67(4), 1963, 371~78면; Branscombe & Baron, *Social Psychology*, Pearson 2017(14판), 284~86면.

4 James M. Jones, John F. Dovidio & Deborah L. Vietze, *Psychology of Diversity: Beyond Prejudice and Racism*, 2014, 104면.

5 헌법재판소 1997.7.16. 95헌가6 내지 13(병합) 전원재판부 결정.

6 「법리심판대에 비친 96우리사회」, 『문화일보』 1996.12.30.; 「"500년 악법 30년 투

쟁으로 몰아내" "혈통·친족 무너져 모두가 패륜아"」,『경향신문』1997.7.17.

7 헌법재판소 2005.2.3. 2001헌가9·10·11·12·13·14·15, 2004헌가5(병합) 전원재
판부 결정.

8 "Lesbian couples likelier to break up than male couples," Centraal Bureau voor de
Statistiek, 2016.3.30., https://www.cbs.nl/en-gb/news/2016/13/lesbian-couples-
likelier-to-break-up-than-male-couples (2019.2.20. 방문).

9 John F. Helliwell, Richard Layard & Jeffrey D. Sachs, *World Happiness Report
2018*, Sustainable Development Solutions Network 2018 참조.

10 나영정 외「한국 LGBTI 커뮤니티 사회적 욕구조사」, 친구사이 2014, 244, 248,
250면.

11「'악법도 法' 준법 사례 아니다 … 헌재, 교과서 오류 지적」,『동아일보』2004.11.7.

12「박경석 전국장애인차별철폐연대 공동대표, 집행유예 2년 선고」,『비마이너』
2018.10.25.

13 Harrop A. Freeman, "The Right of Protest and Civil Disobedience," *Indiana
Law Journal*, 41(2), 1966, 240~41면.

14 존 롤스『정의론』, 황경식 옮김, 이학사 2003, 498면.

15 같은 책 498면.

16 같은 책 475면.

17 Kimberley Brownlee, "Civil Disobedience," The Stanford Encyclopedia of
Philosophy (Fall 2017 Edition), https://plato.stanford.edu/archives/fall2017/
entries/civil-disobedience/ (2019.2.20. 방문).

18 1955년 앨라배마주의 몽고메리에서 흑인 여성 로자 파크스(Rosa Parks)는 버
스에 앉아 있던 중 버스기사로부터 뒷자리 흑인 구역으로 옮기라는 요구를 받는
다. 이 요구를 거부하자 체포되었고, 이 사건을 계기로 몽고메리의 흑인들이 버
스 이용을 거부하는 보이콧 운동이 381일 동안 전개되었다. "Montgomery bus
boycott," Encyclopædia Britannica, 2019, https://www.britannica.com/event/
Montgomery-bus-boycott (2019.6.26. 방문).

19 Randall Kennedy, "Martin Luther King's Constitution: A Legal History of the
Montgomery Bus Boycott," *Yale Law Journal*, 98, 1989, 1034면 참조.

20 Gayle v. Browder, 352 U.S. 903 (1956), affirming Browder v. Gayle, 142 F.Supp.
707 (1956).

21 Kennedy, 앞의 글 1054~55면.

22 같은 글 1055면.

23 「[영상] 신길역 장애인 추락사 사과 촉구 '지하철 타기' 행동」, 『비마이너』 2018.6.15. http://beminor.com/detail.php?number=12292(2019.6.26. 방문).

24 존 롤스, 앞의 책 507면.

25 Mervin J. Lerner, "The Justice Motive: Some Hypotheses as to its Origins and Forms," *Journal of Personality*, 45(1), 1977, 1~2면; Melvin J. Lerner & Dale T. Miller, "Just World Research and the Attribution Process: Looking Back and Ahead," *Psychological Bulletin*, 85(S), 1978, 1030면.

26 Lerner & Miller, 앞의 글 1030면.

27 같은 글 1030~31면.

28 같은 글 1031면.

29 「세계사회복지대회 현장서 "장애등급제 폐지하라" … 외면하는 정진엽 복지부 장관」, 『비마이너』 2016.6.27.

30 「세계사회복지대회 '폭력적 진압' … 국제사회는 '연대'로 답했다」, 『비마이너』 2016.6.28.

31 「세계사회복지대회 개막식 끌려 나간 장애인 활동가, 폐회식 특별한 손님 초대」, 『참세상』 2016.7.1.

32 존 스튜어트 밀 『자유론』, 서병훈 옮김, 책세상 2018, 105면.

33 같은 책.

34 이 글귀는 미국 워싱턴대학교 로스쿨 내의 한 학생 휴게실 게시판에 있던 것으로 원출처를 알지 못한다.

9장 모두를 위한 평등

1 Sheila L. Cavanagh, *Queering Bathrooms: Gender, Sexuality and the Hygienic Imagination*, University of Toronto Press 2010.

2 Terry S. Kogan, "Sex-Separation in Public Restrooms: Law, Architecture, and Gender," *Michigan Journal of Gender & Law*, 14(1), 2007, 5~7면.

3 W. Burlette Carter, "Sexism in the 'Bathroom Debates': How Bathrooms Really Became Separated by Sex," *Yale Law & Policy Review*, 37(1), 2018, 238~40면.

4 「장애인 화장실은 왜 남녀 구분이 없나요?」, 『프레시안』 2009.12.28.

5 Audrey Smedley, "Racism," Encyclopædia Britannica, 2017, https://www. britannica.com/topic/racism (2019.2.20. 방문).

6 같은 글.

7 「건강을 먼저 생각할 것: 인터섹스로 태어난 아이들」, 국제앰네스티, https://amnesty.or.kr/campaign/intersex/ (2019.6.30. 방문).

8 『혐오의 시대에 맞서는 성소수자에 대한 12가지 질문』, 한국성소수자연구회(준) 2016, 19~26면, https://lgbtstudies.or.kr/ (2019.6.30. 방문).

9 『블라인드 채용 가이드북』, 고용노동부·한국산업인력공단·대한상공회의소 2017, 8면, http://www.moel.go.kr/policy/policydata/view.do?bbs_seq=20180100442 (2019.7.2. 방문).

10 Sandra Fredman, *Discrimination Law*, Oxford University Press 2011(2판), 8면.

11 같은 책 24~25면.

12 Nick Bryan, "A Restroom for Everyone," Gensler 2017, https://www.gensler.com/research-insight/blog/a-restroom-for-everyone (2019.6.30. 방문).

13 「"화장실 보내달라 18세기 요구를…" 판매직 노동자가 아프다」, 『한겨레』 2018.10.17.; 전신영 외 「버스 운전기사의 근무환경이 건강행태에 미치는 영향: 음료섭취 실태를 중점으로」, 『The Korean Journal of Public Health』, 52권 2호, 2015, 27~36면; 「밥은 5분 만에, 화장실은 0번… 간호사는 힘들다」, 『오마이뉴스』 2017.7.26.; 「'10분 안에 안 와?' 콜센터 직원은 화장실도 못 가나요」, 『파이낸셜뉴스』 2019.1.14.; 「"까데기 7시간" CJ 택배기사들 힘겨운 일상을 풀어놓다」, 『한겨레』 2018.7.12. 등 참조.

14 낸시 프레이저 「재분배에서 인정으로?: '포스트사회주의' 시대 정의의 딜레마」, 『불평등과 모욕을 넘어』, 문현아·박건·이현재 옮김, 그린비 2016, 24~48면; 백미연 「'재분배'와 '정체성'을 넘어 '참여의 평등'(parity of participation)으로」, 『한국정치학회보』, 43(1), 2009, 92~95면; 이상환 「인정의 정치와 사회 정의」, 『철학연구』, 107, 2008, 27~49면 참조.

15 낸시 프레이저, 앞의 책 32면.

16 같은 책.

17 Iris Marion Young, *Justice and the Politics of Difference*, Princeton University Press 1990, 116면.

18 같은 책 163~68면.

19 George Yancy & Judith Butler, "What's Wrong With 'All Lives Matter'?" *New York Times*, 2015.1.12., https://opinionator.blogs.nytimes.com/2015/01/12/whats-wrong-with-all-lives-matter/ (2019.6.30. 방문) 참조.

20 Young, 앞의 책 170면 참조.

21 같은 책.

22 같은 책.

23 같은 책 171면.

24 같은 책.

25 같은 책.

26 미국 대학에서의 관련 논쟁에 관하여, Michael C. Behrent, "A Tale of Two Arguments about Free Speech on Campus," *Academe*, 105(1), 2019, 1면 참조.

27 김지혜 「모두를 위한 평등」, 『민주법학』 66호, 2018, 192면.

28 같은 글.

29 같은 글 참조.

30 존 스튜어트 밀 『자유론』, 서병훈 옮김, 책세상 2018, 139면.

31 Young, 앞의 책 151면.

32 같은 책.

33 김다훤, 「우리는 연결될수록 강하다」, 『오마이뉴스』, 2018.9.13. 참조.

10장 차별금지법에 대하여

1 차별금지법안(정부, 의안번호 178002, 2007.12.12. 제출). 이 법안은 제17대 국회 임기만료로 폐기되었다.

2 차별금지법안(노회찬의원 등 10인, 의안번호 178162, 2008.1.28. 제출, 임기만료폐기), 차별금지기본법안(박은수의원등 11인, 의안번호 1813221, 2011.9.15. 제출, 임기만료폐기), 차별금지법안(권영길의원 등 10인, 의안번호 1814001, 2011.12.2. 제출, 임기만료폐기), 차별금지법안(김재연의원 등 10인, 의안번호 1902463, 2012.11.6. 제출, 임기만료폐기), 차별금지법안(김한길의원 등 51인, 의안번호 1903693, 2013.2.12. 제출, 철회), 차별금지법안(최원식의원 등 12인, 의안번호 1903793, 2013.2.20. 제출, 철회).

3 관련 조항으로 시민적·정치적 권리에 관한 국제규약 제2조 제1항, 경제적·사회적·문화적 권리에 관한 국제규약 제2조 제2항, 모든 형태의 인종차별 철폐에 관한 국제협약 제1조 제1항, 고문 및 그밖의 잔혹한, 비인도적인 또는 굴욕적인 대우나 처벌의 방지에 관한 협약 제1조 제1항, 여성에 대한 모든 형태의 차별철폐에 관한 협약 제1조, 아동의 권리에 관한 협약 제2조 제1항, 장애인의 권리에 관한 협약 제2조 등 참조.

4 국가인권위원회법 제44조.

5 법무부가 처음 작성한 법안은 차별금지법(안) 입법예고(법무부 공고 제2007-106호) 참조.

6 「차별금지법이 사람 차별하네」, 『한겨레21』 684호, 2017.11.8.

7 예를 들어, 지난 19대 대선에서 당시 문재인 후보와 안철수 후보는 사회적 합의가 선행되어야 한다며 차별금지법 제정에 소극적 태도를 보였다. 「문·안, 차별금지법 '사회적 합의 없다'? '합의 만드는 게 정치인 책무'」, 『비마이너』 2017.4.25.

8 Sandra Fredman, *Discrimination Law*, Oxford University Press 2011(2판), 25~26면.

9 UN Committee on the Elimination of Racial Discrimination(CERD), "General Recommendation No. 32, The meaning and scope of special measures in the International Convention on the Elimination of All Forms [of] Racial Discrimination," 2009.9.24. CERD/C/GC/32, 7~8, 12문단 참조.

10 공직선거법 제47조 제3항. 한편 같은 조 제4항에서는 지역구 후보에서 30퍼센트 이상을 여성으로 추천하도록 '노력'하도록 규정하고 있다.

11 「여성 의무공천제, 때이른 역차별 논란」, 『프레시안』, 2012.2.29.; 「다른 '세계 최하위'는 부끄러워하면서… 할당제 도입?」, 「MBC 뉴스」, 2019.3.8.

12 Human Rights Campaign, "Corporate Equality Index 2018," 2017, 4면.

13 김지혜 외 『성소수자 친화적 직장을 만들기 위한 다양성 가이드라인』, SOGI법정책연구회, 2018.

14 이승계 「다양성 관리 이론의 고찰과 국내 기업에 주는 시사점」, 『현상과 인식』 34권 1호, 2010, 163~64면 참조.

15 United Nations Global Compact, "The Ten Principles of the UN Global Compact," https://www.unglobalcompact.org/what-is-gc/mission/principles (2019.2.19. 방문).

16 김지혜 「우리 시대의 미풍양속」, 『공감통신』, 2018.3.16.

17 한나 아렌트 『전체주의의 기원 1』, 박미애·이진우 옮김, 한길사 2006, 540면.

참고문헌

강진구 「한국사회의 반다문화 담론 고찰: 인터넷 공간을 중심으로」, 『인문과학연구』 32집, 강원대학교 인문과학연구소 2012.

김난주 「한국의 성별임금격차 현황 및 과제」, 제19차 젠더와 입법포럼 '성별임금격차 해소 전략 방안 모색 국제컨퍼런스' 2017.

김난주·이승현·이서현·황성수·박미연 「남녀 임금격차 실태조사」, 국가인권위원회 2017.

김도균 「한국 사회에서의 법치주의」, 『지식의 지평』 13권, 대우재단 2012.

김동완 「공적 공간의 이상과 가상」, 『공공공간을 위하여』, 동녘 2017.

김만권 『호모 저스티스』, 여문책 2016.

김영미·차형민 「분리와 차별의 장기 지속」, 『한국사회학회 사회학대회 논문집』, 한국사회학회 2016.

김영지·김희진·이민희·김진호 「아동청소년 권리에 관한 국제협약 이행연구: 한국 아동청소년 인권실태 2017」, 한국청소년정책연구원 2017.

김영철 「행복은 성적순이 아니잖아요?: '학력(학벌)'의 비경제적 효과 추정」, 『경제학연구』 64권 1호, 한국재정학회 2015.

김지윤·강충구·이의철 「닫힌 대한민국: 한국인의 다문화 인식과 정책」, 『이슈브리프』, 아산정책연구원 2014.

김지혜 「동성혼에 관한 미국 판례의 전개」 『법과사회』 46권, 법과사회이론학회 2014.

_____ , 「모두를 위한 평등」, 『민주법학』 66권, 민주주의법학연구회 2018.

_____ , 「모욕적 표현과 사회적 차별의 구조: 일상의 언어와 법적 접근 방향」, 『법

과사회』 55권, 법과사회이론학회 2017.

_____, 「미등록 이주아동의 교육권: 미국 Plyler v. Doe 판결을 중심으로」, 『미국 헌법연구』 29권 1호, 미국헌법학회 2018.

_____, 「성적지향에 대한 평등권 심사기준과 배제금지원칙: 미국 소수자 평등보 호 법리의 한국적 함의」, 『헌법학연구』, 19권 3호, 한국헌법학회 2013.

_____, 「외국인근로자의 사업장 변경제한과 강제노동금지의 원칙」, 『공법연구』 44권 3호, 한국공법학회 2016.

_____, 「이주민의 기본권: 불평등과 '윤리적 영토권'」, 『헌법학연구』 22권 3호, 한국헌법학회 2016.

_____, 「인구조사와 종족 정체성: 평등 실현의 딜레마」, 『법과사회』 59권, 법과사 회이론학회 2018.

_____, 「차별선동의 규제: 혐오표현에 관한 국제법적 · 비교법적 검토를 중심으 로」, 『법조』 64권 9호, 법조협회 2015.

_____, 「학업성적을 이유로 한 차별과 교육의 불평등」, 『법과사회』 53권, 법과사 회이론학회 2016.

김창환·오병돈 「경력단절 이전 여성은 차별받지 않는가?: 대졸 20대 청년층의 졸 업 직후 성별 소득격차 분석」, 『한국사회학』 53권 1호, 한국사회학회 2019.

김태홍 「성별 고용형태별 임금격차 현황과 요인 분해」, 『여성연구』 84권 1호, 한국 여성정책연구원 2013.

김현경 『사람, 장소, 환대』, 문학과지성사 2015.

김현미 『우리는 모두 집을 떠난다』, 돌베개 2014.

김희삼·이삼호 「고등교육의 노동시장 성과와 서열구조 분석」, 한국개발연구원 2007.

너스바움, 마사 『혐오와 수치심』, 조계원 옮김, 민음사 2015.

롤스, 존 『정의론』, 황경식 옮김, 이학사 2003.

루소, 장자크 『사회계약론』, 김영욱 옮김, 후마니타스 2018.

밀, 존 스튜어트 『자유론』, 서병훈 옮김, 책세상 2018.

바우만, 지그문트 『왜 우리는 불평등을 감수하는가?』, 안규남 옮김, 동녘 2013.

박경태 『인종주의』, 책세상 2009.

박은하 「성별에 따른 '양질의 일자리' 결정요인 연구」, 『한국여성학』 27권 3호, 한 국여성학회 2011.

백미연, 「'재분배'와 '정체성'을 넘어 '참여의 평등'(parity of participation)으로」, 『한국정치학회보』, 제43집 1호, 2009.

밸런타인, 질『공간에 비친 사회, 사회를 읽는 공간』, 박경환 옮김, 한울아카데미 2014.

버틀러, 주디스『혐오 발언』, 유민석 옮김, 알렙 2016.

센소이, 오즐렘·디앤젤로, 로빈『정말로 누구나 평등할까?』, 홍한별 옮김, 착한책 가게 2016.

신경아「여성노동시장의 변화에 관한 여덟 가지 질문」,『페미니즘 연구』16권 1호, 한국여성연구소 2016.

아렌트, 한나『인간의 조건』, 이진우 옮김, 한길사 2017.

_____,『전체주의의 기원 1』, 이진우·박미애 옮김, 한길사 2006.

_____,『공화국의 위기』, 김선욱 옮김, 한길사 2011.

안태현「임금분포에 따른 한국의 성별임금격차 분석」,『응용경제』14권 1호, 한국 응용경제학회 2012.

요시노, 켄지『커버링』, 김현경·한빛나 옮김, 민음사 2017.

요시미치, 나카지마『차별 감정의 철학』, 김희은 옮김, 바다출판사 2018.

윤자영「성별임금격차의 새로운 경향과 오래된 과제」,『국제노동브리프』11권 6호, 한국노동연구원 2013.

이경희·김태일「대학순위와 전공의 임금효과: 성별 격차를 중심으로」,『교육학연 구』45권 3호, 한국교육학회 2007.

이동주「한국의 성별 직종분리와 성별 임금격차에 관한 연구」,『한국사회학회 사 회학대회 논문집』, 한국사회학회 2007.

이상환「인정의 정치와 사회 정의」,『철학연구』107권, 대한철학회 2008.

이승계「다양성 관리 이론의 고찰과 국내 기업에 주는 시사점」,『현상과 인식』34 권 1-2호, 한국인문사회과학회 2010.

이양호·지은주·권혁용「불평등과 행복」,『한국정치학회보』47권 3호, 한국정치학 회 2013.

이정복『한국 사회의 차별 언어』, 소통 2014.

이창수『한국 사회의 인종차별적 담화구조: 코퍼스 기반 미디어 비평담화분석 관 점에서』, 집문당 2015.

장미경「한국사회 소수자와 시민권의 정치」,『한국사회학』39권 6호, 한국사회학 회 2005.

장수명「대학서열의 경제적 수익 분석」,『한국교육』33권 2호, 한국교육개발원 2006.

장지연·오선영「성별임금격차 해소의 철학과 정책」,『이화젠더법학』9권 1호, 이

화여자대학교 젠더법학연구소 2017.

최세림 「성별 임금격차에 관한 논의: 과거, 현재, 그리고 정책」, 『국제노동브리프』 17권 1호, 한국노동연구원 2019.

최수연 「한국 사회 차별 개념의 변화와 시민권의 정치학: 차별금지법(안)이 촉발한 시민사회의 연대활동 분석을 중심으로」, 『사회연구』 21호, 한국사회조사연구소 2011.

최유진 외 「2016년 양성평등 실태조사 분석 연구」, 여성가족부 2016.

카너먼, 대니얼 『생각에 관한 생각』, 이창신 옮김, 김영사 2018.

키벅, 마이클 『황인종의 탄생』, 이효석 옮김, 현암사 2016.

프레이저, 낸시 외 『불평등과 모욕을 넘어』, 문현아·박건·이현재 옮김, 그린비 2016.

한국행정연구원 「2018년 사회통합실태조사」, 한국행정연구원 2018.

한준성 「다문화주의 논쟁: 브라이언 배리와 윌 킴리카의 비교를 중심으로」, 『한국정치연구』 18권 1호, 서울대학교 한국정치연구소 2010.

헬먼, 데버러 『차별이란 무엇인가』, 김대근 옮김, 서해문집 2016.

호네트, 악셀 『인정투쟁』, 문성훈·이현재 옮김, 사월의책 2011.

홍성수 『말이 칼이 될 때』, 어크로스 2018.

홍성수·김정혜·노진석·류민희·이승현·이주영·조승미 「혐오표현 실태조사 및 규제방안 연구」, 국가인권위원회 2016.

Ahmed, S. *The Cultural Politics of Emotion* (2nd Ed.), Abingdon-on-Thames: Routledge 2015.

Allport, G. W. *The Nature of Prejudice* (25th Anniversary Ed.), New York: Basic Books 1979.

Armenta, B. E. "Stereotype Boost and Stereotype Threat Effects: The Moderating Role of Ethnic Identification," *Cultural Diversity and Ethnic Minority Psychology*, 16(1), 2010.

Aronson, J., M. J. Lustina, C. Good, K. Keough, C. M. Steele & J. Brown "When White Men Can't Do Math: Necessary and Sufficient Factors in Stereotype Threat," *Journal of Experimental Social Psychology*, 35, 1999.

Bagenstos, S. R. "The Unrelenting Libertarian Challenge to Public Accommodations Law," *Stanford Law Review*, 66(6), 2014.

Banaji, M. R., and A. G. Greenwald *Blindspot; Hidden Biases of Good People*, New York: Bantam, 2013(한국어판 『마인드버그』, 박인균 옮김, 추수밭 2014).

Bosniak, L. S. "Being Here: Ethical Territoriality and the Rights of Immigrants," *Theoretical Inquiries in Law*, 8(2), 2007.

Branscombe, N. R. and R. A. Baron *Social Psychology* (14th Ed.), London: Pearson 2017.

Carter, W. B. "Sexism in the 'Bathroom Debates': How Bathrooms Really Became Separated by Sex," *Yale Law & Policy Review*, 37(1), 2018.

Castilla, E. J. "Gender, Race, and Meritocracy in Organizational Careers," *American Journal of Sociology*, 113(6), 2008.

Castilla, E. J., and S. Benard "The Paradox of Meritocracy in Organizations," *Administrative Science Quarterly*, 55, 2010.

Cavanagh, S. L. *Queering Bathrooms: Gender, Sexuality and the Hygienic Imagination*, Toronto: University of Toronto Press 2010.

Chen, M. and J. A. Bargh "Nonconscious Behavioral Confirmation Processes: The Self-Fulfilling Consequences of Automatic Stereotype Activation", *Journal of Experimental Social Psychology*, 33, 1997.

Clark, K. B. and M. Clark "Racial Identification and Preference in Negro Children," in T.M. Newcomb and E. L. Hartley eds. *Readings in Social Psychology*, New York: Holt, Rinehart & Winston 1947.

Clarke, J. A. "Against Immutability," *The Yale Law Journal*, 125, 2015.

Correll, S. J. "Gender and the Career Choice Process: The Role of Biased Self-Assessments," *American Journal of Sociology*, 106(6), 2001.

_____ , "Constraints into Preferences: Gender, Status, and Emerging Career Aspirations," *American Sociological Review*, 69, 2004.

Crenshaw, K. "Demarginalizing the Intersection of Race and Sex: A Black Feminist Critique of Antidiscrimination Doctrine: Feminist Theory and Antiracist Politics," *University of Chicago Legal Forum*, 1989(1).

Danaher, K. and N. R. Branscombe "Maintaining the System with Tokenism: Bolstering Individual Mobility Beliefs and Identification with a Discriminatory Organization," *British Journal of Social Psychology*, 49, 2010.

Darley, J. M. and P. H. Gross "A Hypothesis-Confirming Bias in Labeling Effects," *Journal of Personality and Social Psychology*, 44(1), 1983.

DeSteno, D., N. Dasgupta, M. Y. Bartlett, and A. Cajdric "Prejudice From Thin Air: The Effect of Emotion on Automatic Intergroup Attitudes," *Psychological Science*, 15(5), 2004.

Deutsch, M. *Distributive Justice: A Social Psychological Perspective*, New Haven & London: Yale University Press 1985.

Dorling, D. *Injustice: Why Social Inequality Still Persists*(2nd Ed.), Bristol: Policy Press 2015.

Farrior, S. "Molding the Matrix: The Historical and Theoretical Foundations of International Law Concerning Hate Speech," *Berkeley Journal of International Law*, 14(1), 1996.

Ferguson, M. A. and T. E. Ford "Disparagement Humor: A Theoretical and Empirical Review of Psychoanalytic, Superiority, and Social Identity Theories," *Humor: International Journal of Humor Research*, 21(3), 2008.

Fetzer, P. L. "'Reverse Discrimination': The Political Use of Language," *National Black Law Journal*, 12(3), 1993.

Fischer, B. and B. Poland "Exclusion, 'Risk', and Social Control−Reflections on Community Policing and Public Health," *Geoforum*, 29(2), 1998.

Ford, T. E. and M. A. Ferguson "Social Consequences of Disparagement Humor: A Prejudiced Norm Theory," *Personality and Social Psychology Review*, 8(1), 2004.

Ford, T. E., C. F. Boxer, J. Armstrong, and J. R. Edel "More Than 'Just a Joke': The Prejudice−Releasing Function of Sexist Humor," *Personality and Social Psychology Bulletin*, 4(2), 2008.

Ford, T. E., E. R. Wentzel, and J. Lorion "Effects of Exposure to Sexist Humor on Perceptions of Normative Tolerance of Sexism," *European Journal of Social Psychology*, 31, 2001.

Ford, T. E., J. A. Woodzicka, S. R. Triplett, A. O. Kochersberger, and C. J. Holden "Not All Groups are Equal: Differential Vulnerability of Social Groups to the Prejudice−Releasing Effects of Disparagement Humor," *Group Processes & Intergroup Relations*, 20(10), 2013.

Ford, T. E., K. Richardson, and W. E. Petit "Disparagement humor and prejudice: Contemporary theory and research," *Humor*, 28(2), 2015.

Fredman, S. *Discrimination Law* (2nd Ed.), Oxford: Oxford University Press 2011.

Freeman, H. A. "The Right of Protest and Civil Disobedience," Indiana Law

Journal, 41(2), 1966.

Frye, M. "Oppression," *The Politics of Reality: Essays in Feminist Theory*, California: Crossing Press 1983.

Galinsky, A. D., C. S. Wang, J. A. Whitson, E. M. Anicich, K. Hugenberg, and G. V. Bodenhausen "The Reappropriation of Stigmatizing Labels: The Reciprocal Relationship Between Power and Self-Labeling," *Psychological Science*, 24(10), 2013.

Galinsky, A. D., K. Hugenberg, C. Groom, and G. V. Bodenhausen "The Reappropriation of Stigmatizing Labels: Implications for Social Identity," Identity Issues in Groups (Research on Managing Groups and Teams, Vol.5), Bingley: Emerald Group Publishing Limited 2003.

Goffman, E. *Stigma: Notes on the Management of Spoiled Identity*, New Jersey: Prentice-Hall, Inc. 1963(한국어판 『스티그마』, 윤선길 옮김, 한신대학교출판부 2009).

Green, D. P., J. Glaser, and A. Rich "From Lynching to Gay Bashing: The Elusive Connection Between Economic Conditions and Hate Crime," *Journal of Personality and Social Psychology*, 75, 1998.

Guimond, S., M. Dambrun, N. Michinov, and S. Duarte "Does Social Dominance Generate Prejudice? Integrating Individual and Contextual Determinants of Intergroup Cognitions," *Journal of Personality and Social Psychology*, 84(4), 2003.

Guiso, L., M. Ferdinando, P. Sapienza, and L. Zingales "Culture, Gender, and Math," *Science*, 320(5880), 2008.

Hafer, C. I. & J. M. Olson "Beliefs in a Just World, Discontent, and Assertive Actions by Working Women," *Personality and Social Psychology Bulletin*, 19(1), 1993.

Harding, S. "Rethinking Standpoint Epistemology: What is "Strong Objectivity?," in L. Alcoff and E. Potter eds., *Feminist Epistemologies*, Abingdon-on-Thames: Routledge 1993.

Hastie, B. and D. Rimmington " '200 Years of White Affirmative Action': White Privilege Discourse in Discussions of Racial Inequality," *Discourse & Society*, 25(2), 2014.

Hobbes, T. *Leviathan*, 1651.

Hodson, G. and C. C. MacInnis "Derogating Humor as a Delegitimization Strategy in Intergroup Contexts," *Translational Issues in Psychological Science*, 2(1), 2016.

Hodson, G., J. Rush, and C. C. MacInnis "A Joke Is Just a Joke (Except When It Isn't): Cavalier Humor Beliefs Facilitate the Expression of Group Dominance Motives," *Journal of Personality and Social Psychology*, 99(4), 2010.

Jones, J. M., John F. D. & Deborah L. V. *Psychology of Diversity: Beyond Prejudice and Racism*, New Jersey: Wiley-Blackwell 2014.

Kahneman, D. and A. Tversky "Choices, Values and Frames," *American Psychologist*, 39(4), 1984.

Kanuha, V. K. "The Social Process of "Passing" to Manage Stigma: Acts of Internalized Oppression or Acts of Resistance?," *The Journal of Sociology & Social Welfare*, 26(4), 1999.

Kennedy, R. "Martin Luther King's Constitution: A Legal History of the Montgomery Bus Boycott," *Yale Law Journal*, 98(6), 1989.

Kessler, L. T. "Keeping Discrimination Theory Front and Center in the Discourse Over Work and Family Conflict," *Pepperdine Law Review*, 34, 2007.

Kogan, T. S. "Sex-Separation in Public Restrooms: Law, Architecture, and Gender," *Michigan Journal of Gender & Law*, 14, 2007.

Koppelman, A. "Gay Rights, Religious Accommodations, and the Purposes of Antidiscrimination Law," Southern California Law Review, 88, 2015.

Krieger, L. H. "The Content of Our Categories: A Cognitive Bias Approach to Discrimination and Equal Employment Opportunity," *Stanford Law Review*, 47, 1995.

Kymlicka, W. *Multicultural Citizenship: A Liberal Theory of Minority Rights*, Clarendon Press 1995(한국어판 『다문화주의 시민권』 황민혁 옮김, 동명사 2010).

Lawrence III, C. R. "The Id, the Ego, and Equal Protection: Reckoning with Unconscious Racism," *Stanford Law Review*, 39, 1987.

Lerner, M. "Just World Research and the Attribution Process: Looking Back and Ahead," *Psychological Bulletin*, 85(S), 1978.

Lerner, M. J. "The Justice Motive: Some Hypotheses as to its Origins and Forms," *Journal of Personality*, 45(1), 1977.

Lippmann, W. *Public Opinion*, New York: Harcourt Brace & Co. 1922(한국어판 『여론』, 이충훈 옮김, 까치 2012).

Little, L. E. "Regulating Funny: Humor and the Law," *Cornell Law Review*, 94(5), 2009.

Marvasti, A. B. and K. D. Mckinney "Does Diversity Mean Assimilation?" *Critical Sociology*, 37(5), 2011.

Marx, D. M. and D. A. Stapel "Understanding Stereotype Life: On the Role of the Social Self," *Social Cognition*, 24(6), 2006.

Mason, G. "The Symbolic Purpose of Hate Crime Law: Ideal Victims and Emotion," *Theoretical Criminology*, 18(1), 2014.

McClain, L. C. "Involuntary Servitude, Public Accommodations Laws, and the Legacy of Heart of Atlanta Motel, Inc. v. United States," *Maryland Law Review*, 71(1), 2011.

McCluskey, M. T. "Rethinking Equality and Difference: Disability Discrimination in Public Transportation," *Yale Law Journal*, 97, 1988.

McCoy, S. K. and B. Major "Priming Meritocracy and the Psychological Justification of Inequality," *Journal of Experimental Social Psychology*, 43(3), 2007.

McIntosh, P. "White Privilege: Unpacking the Invisible Knapsack." *Peace & Freedom*, July/August 1989.

Melling, L. "Religious Refusals No Public Accommodations Laws: Four Reasons to Say No," *Harvard Journal of Law & Gender*, 38, 2015.

Merriam, S. B., J. Johnson-Bailey, M. Lee, Y. Kee, G. Ntseane, and M. Muhamad "Power and Positionality: Negotiating Insider/Outsider Status Within and Across Cultures," *International Journal of Lifelong Education*, 20(5), 2001.

Milgram, S. "Behavioral Study of Obedience," *Journal of Abnormal and Social Psychology*, 67(4), 1963.

Monin, B. & D. T. Miller "Moral Credentials and the Expression of Prejudice," *Journal of Personality and Social Psychology*, 81(1), 2001.

Moore, Jr., B. *Injustice: The Social Bases of Obedience and Revolt* (first published 1978 by M.E. Sharpe), Abingdon-on-Thames: Routledge 2015.

Norton, M. I. and S. R. Sommers "Whites See Racism as a Zero-Sum Game That They Are Now Losing," *Perspectives on Psychological Science*, 6(3), 2011.

Oleske, Jr., J. M. "The Evolution of Accommodation: Comparing the Unequal Treatment of Religious Objections to Interracial and Same-Sex Marriages," *Harvard Civil Rights-Civil Liberties Law Review*, 50, 2015.

Opotow, S. "Moral Exclusion and Injustice: An Introduction," *Journal of Social Issues*, 46(1), 1990.

Oppenheimer, D. B., S. R. Foster, and S. Y. Han *Comparative Equality and Anti-Discrimination Law: Cases, Codes, Constitutions, and Commentary*, New York: Foundation Press 2012.

Patterson, O. *Slavery and Social Death: A Comparative Study*, Cambridge: Harvard University Press 1982.

Phillips, L. T. and B. S. Lowery "Herd Invisibility: The Psychology of Racial Priviledge," *Current Directions in Psychological Science*, 27(3), 2018.

Pratto, F., J. Sidanius, L. M. Stallworth, and B. F. Malle "Social Dominance Orientation: A Personality Variable Predicting Social and Political Attitudes," *Journal of Personality and Social Psychology*, 67(4), 1994.

Pyke, K. D. "What is Internalized Racial Oppression and Why Don't We Study it? Acknowledging Racism's Hidden Injuries," *Sociological Perspectives*, 53(4), 2010.

Réaume, D. G. "Discrimination and Dignity," *Louisiana Law Review*, 63(3), 2003.

Rodriguez-Garcia, D. "Beyond Assimilation and Multiculturalism: A Critical Review of the Debate on Managing Diversity," *International Migration & Integration*, 11(3), 2010.

Rosette, A. S. & L. P. Tost "Perceiving Social Inequity: When Subordinate-Group Positioning on One Dimension of Social Hierarchy Enhances Privilege Recognition on Another," *Psychological Science*, 24(8), 2013.

Rucker, D. "The Moral Grounds of Civil Disobedience," *Ethics*, 76(2), 1966.

Sandel, M. J. *Justice: What's the Right Thing to Do?*, New York: Farrar, Straus and Giroux 2009(한국어판『정의란 무엇인가』, 김명철 옮김, 와이즈베리 2014).

Saucier, D. A., C. J. O'Dea, and M. L. Strain "The Bad, the Good, the Misunderstood: The Social Effects of Racial Humor," *Translational Issues in Psychological Science*, 2(1), 2016.

Schmader, T., M. Johns, and C. Forbes "An Integrated Process Model of Stereotype Threat Effects on Performance," *Psychological Review*, 115(2), 2008.

Sherif, M., O. J. Harvey, B. J. White, W. R. Hood, and C. W. Sherif *Intergroup Conflict and Cooperation: The Robbers Cave Experiment*, Middletown: Wesleyan University Press 1988(한국어판『우리와 그들, 갈등과 협력에 관하여』정태연 옮김, 에코리브르 2012).

Siegel, R. B. "Discrimination in the eyes of the law: How color blindness discourse disrupts and rationalizes social stratification," *California Law Review*, 88(1), 2000.

Singer, J. W. "No Right to Exclude: Public Accommodations and Private Property," *Northwestern University Law Review*, 90, 1996.

Spencer, S. J., C. M. Steele, and D. M. Quinn "Stereotype Threat and Women's Math Performance," *Journal of Experimental Social Psychology*, 35, 1999.

Steele, C. M. and J. Aronson "Stereotype Threat and the Intellectual Test Performance of African Americans," *Journal of Personality and Social Psychology*, 69(5), 1995.

Tajfel, H., M.G. Billig, R.P. Bundy & C. Flament "Social categorization and intergroup behaviour," European Journal of Social Psychology, 1(2), 1971.

Tapp, J. L. and L. Kohlberg "Developing Senses of Law and Legal Justice," *Journal of Social Issues*, 27(2), 1971.

Tyler, T. R. "The Psychology of Legitimacy: A Relational Perspective on Voluntary Deference to Authorities," *Personality and Social Psychology Review*, 1(4), 1997.

Uhlmann, E. L. & G. L. Cohen " 'I Think It, Therefore It's True': Effects of Self-Perceived Objectivity on Hiring Discrimination," *Organizational Behavior and Human Decision Processes*, 104(2), 2007.

Walton, G. M. & L. C. Geoffrey "Stereotype Lift," Journal of Experimental Social Psychology, 39, 2003.

Walzer, M. *Spheres of Justice: A Defence of Pluralism and Equality* New York: Basic Books 1983(한국어판 『정의와 다원적 평등: 정의의 영역들』 정원섭 옮김, 철학과현실사 1999).

Wilson, R. F. "The Nonsense About Bathrooms: How Purported Concerns over Safety Block LGBT Nondiscrimination Laws and Obscure Real Religious Liberty Concerns," *Lewis & Clark Law Review*, 20(4), 2017.

Wright, J. S. "Color-blind theories and color-conscious Remedies," *The University of Chicago Law Review*, 47(2), 1980.

Yoshino, K. "Assimiliationist Bias in Equal Protection: The Visibility Presumption and the Case of Don't Ask, Don't Tell," *The Yale Law Journal*, 108, 1998.

Young, I. M. *Justice and the Politics of Difference*, New Jersey: Princeton University Press 1990(한국어판 『차이의 정치와 정의』 김도균·조국 옮김, 모티브북 2017).

_____ , "Equality for whom? Social groups and judgments for injustice," *The*

Journal of Political Philosophy, 9(1), 2001.

Zillmann, D. and J. R. Cantor "Directionality of Transitory Dominance as a Communication Variable Affecting Humor Appreciation," *Journal of Personality and Social Psychology*, 24(2), 1972.

선량한 차별주의자

초판 1쇄 발행 / 2019년 7월 17일
초판 80쇄 발행 / 2024년 11월 15일
30만부 특별판 발행 / 2024년 12월 6일

지은이 / 김지혜
펴낸이 / 염종선
책임편집 / 최지수 홍지연
조판 / 신혜원
펴낸곳 / (주)창비
등록 / 1986년 8월 5일 제85호
주소 / 10881 경기도 파주시 회동길 184
전화 / 031-955-3333
팩시밀리 / 영업 031-955-3399 편집 031-955-3400
홈페이지 / www.changbi.com
전자우편 / nonfic@changbi.com

ⓒ 김지혜 2019
ISBN 978-89-364-7719-6 03300